Viviane Theby



# DAS KOSMOS WELPENBUCH

▸ **Der gute Start ins Hundeleben**
Entwicklung und Auswahl
Eingewöhnung und Welpenschule

KOSMOS

**Geräusch-CD zur sanften Gewöhnung**

Mit der beiliegenden CD können Sie Ihren Welpen zu Hause langsam an häufig auftretende Umweltgeräusche, die für ihn bedrohlich sein können, gewöhnen.
Wählen Sie zu Beginn eine geringe Lautstärke und steigern Sie diese allmählich. Reagiert Ihr Welpe scheu und ängstlich, reduzieren Sie sie bitte wieder. Bedauern Sie Ihren Welpen auf keinen Fall, sondern tun Sie so, als ob die Geräusche etwas völlig Normales sind.

| | | | |
|---|---|---|---|
| 1 Kirchenglocken | 4 Bahnhof | 7 Heißluftballon | 10 Gewitter |
| 2 Straßenlärm | 5 Martinshorn | 8 Kindergeschrei | 11 Schüsse |
| 3 Baustelle | 6 Hubschrauber | 9 Türklingel | 12 Feuerwerk |

# Zu diesem Buch

Die meisten Welpenbücher beginnen mit dem Zeitpunkt, an dem der Welpe in sein neues Zuhause kommt. Ab diesem Tag beginnt für die neuen Hundebesitzer eine sehr interessante und spannende Zeit. Zunehmend wird auch erkannt, wie wichtig gerade diese ersten Wochen beim neuen Besitzer sind. Mehr und mehr werden Welpenspielstunden oder Welpenprägungstage angeboten, um die Welpen optimal zu fördern.

Aber auch die Zeit bis zur Übernahme des Hundebabys ist schon sehr bedeutsam. Und über diesen Zeitraum gibt es noch sehr wenige Informationen. Dabei sind es gerade die ersten Lebenswochen, die die Entwicklung des Welpen entscheidend beeinflussen. Hier werden oftmals die Grundlagen für vieles im späteren Hundeleben gelegt.

Für diesen Entwicklungsabschnitt ist der Züchter zuständig. Gute Züchter tun ihr Möglichstes, dem Welpen alles zu bieten, was er für eine gute Entwicklung braucht. Zusätzlich zu einer guten Unterbringung der Mutterhündin mit ihren Babys, ihrer optimalen Versorgung und später auch des Welpen mit hochwertigem Futter und einer guten medizinischen Versorgung, treten mehr und mehr die Aspekte in den Vordergrund, die für die Entwicklung des Verhaltens der Hunde wichtig sind.

Mit der Wahl des Züchters haben auch die zukünftigen Welpenbesitzer Einfluss auf diese so wichtige Zeit. Ich kann nur an alle appellieren, sich ihren Hund wohlüberlegt und mit Verstand auszusuchen. Denn allzu leicht übernimmt das Gefühl die Entscheidung, wenn man den kleinen Hundebabys gegenübersteht. Gute Züchter überlassen auch hier nichts dem Zufall, sondern wollen für ihre Hunde ein optimal passendes Zuhause finden. Sie sagen dann auch schon mal „Nein", wenn ihnen ein Möchte-Gern-Hundebesitzer für diese bestimmte Rasse oder generell für einen Hund nicht geeignet erscheint.

Aber weniger seriöse Züchter, denen es eigentlich nur darum geht, möglichst viele Welpen zu verkaufen, um möglichst viel Geld zu verdienen, legen hierauf keinen Wert. Sie interessiert letztendlich überhaupt nicht, was später aus dem Hund wird. Sollte er wegen irgendwelcher Probleme abgegeben werden, ist es eher noch von Vorteil, weil sie vielleicht relativ schnell wieder einen Welpen verkaufen können. Vielleicht bieten sie dann diesmal sogar eine andere Rasse an, denn sie wollen ja angeblich den Wünschen der Käufer aufs Beste genügen.

Je mehr der zukünftige Hundebesitzer über die Zeit des Welpen bei der Mutter und beim Züchter weiß, desto besser kann er darauf Einfluss nehmen.

Diejenigen, die sich bei einem guten Züchter einen Hund ausgesucht haben, können anhand dieses Buches die Entwicklung ihres Hundes beispielhaft mitverfolgen. So wird die Zeit, bis der neue Mitbewohner einzieht, schneller vergehen, und sie können sich bestens auf sein Ankommen vorbereiten.

Aber auch Züchter erhalten wertvolle Tipps, wie sie ihre Welpen so fördern können, dass sie sich leicht in die menschliche Gesellschaft einleben, und dass Verhaltensproblemen von Anfang an vorgebeugt wird.

Der Welpenbesitzer lernt, nach welchen Kriterien er sich einen geeigneten Züchter aussucht und wie er die vom Züchter begonnene Arbeit sinnvoll weiterführt.

Letztendlich können nur beide – Züchter und künftiger Welpenbesitzer – gemeinsam dazu beitragen, dass der Hund einen optimalen Start ins Leben hat. Ist der Züchter schlecht und der neue Welpenbesitzer gibt sich alle Mühe, sind Verhaltensprobleme genauso vorprogrammiert, wie im umgekehrten Falle, wenn der Züchter alles Erdenkliche für die Welpen getan hat und der neue Besitzer nicht darauf aufbaut.

Der Schwerpunkt dieses Buch liegt also im Verhalten und in der Verhaltensentwicklung und Erziehung des Welpen. Ernährung oder auch medizinische Aspekte werden nur am Rande gestreift. Über diese Themen finden Sie auf S. 152 weiterführende Literatur.

# Die Entwicklung des Welpen

## Wie Erbanlagen das Verhalten bestimmen

Inwieweit ein Verhalten ererbt oder gelernt ist, darüber wird schon lange diskutiert. Immer wieder tauchen irgendwelche Prozentzahlen auf, die man aber letztendlich nie belegen kann, weil Ererbtes und Gelerntes untrennbar zusammengehören.

Fest steht jedoch, dass eben ein Großteil des Verhaltens schon in den Genen festgelegt ist. Das wird vor allem an manchen Hüte- oder auch Jagdhundrassen deutlich. Eine ganz bestimmte Sequenz aus dem Jagdverhalten wurde bei diesen Rassen über viele, viele Generationen selektiv herausgezüchtet und ist nun recht fest im Verhalten der jeweiligen Hunde verankert. So wird ein Hütehund normalerweise hüten, selbst wenn er dieses Verhalten nie gelernt hat. Ein Retriever wird gern apportieren, auch ohne dass man es mit ihm großartig trainieren muss. Es wurde ihm bereits mit seinen Genen mitgegeben. Natürlich gibt es auch individuelle Ausnahmen.

Außerdem wird in vielen Rassen schon lange nicht mehr nach der ursprünglichen Aufgabe der Hunde selektiert, sondern vorwiegend nach dem Aussehen. Dennoch sollte sich jeder, bevor er sich endgültig für einen Hund einer bestimmten Rasse entscheidet, ausführlich mit den Aufgaben der jeweiligen Rasse beschäftigen. Ich werde an anderer Stelle noch ausführlicher darauf eingehen, denn leider entstehen auch sehr viele Verhaltensprobleme dadurch, dass bei der Wahl der Rasse in erster Linie nur nach dem Aussehen entschieden wird.

### Verhalten der Elterntiere

Nicht nur bei der Wahl der Rasse ist es wichtig, sich über die allgemeinen Verhaltenseigenschaften zu informieren, auch ganz speziell das Verhalten der Elterntiere ist bei der Auswahl eines Welpen entscheidend. Es sollte grundsätzlich darauf verzichtet werden, mit ängstlichen oder aggressiven Tieren zu züchten, selbst wenn sie noch so schön aussehen. In guten Zuchtverbänden werden solche Hunde von der Zucht ausgeschlossen. Bei einem guten Züchter ist auch immer die Mutterhündin zu sehen, eventuell sogar der Vater, wenn er im Besitz des Züchters ist. So können Sie sich von den Eltern Ihres zukünftigen Hundes ein Bild machen. Das ist natürlich keine Garantie dafür, dass der Welpe später einmal genauso nett wird, denn es spielen noch viele andere Faktoren mit.

Sollte sich jedoch zeigen, dass die Mutter oder der Vater schon ängstlich oder aggressiv sind, sind die Chancen doch sehr groß, dass bei den Jungen dieselben Probleme auftreten werden. Sehen Sie sich also unbedingt zumindest die Mutterhündin an. Der Rüde wird in den seltensten Fällen demselben Züchter gehören. Vielleicht sollten Sie sich trotzdem überlegen, sich ihn anzusehen, auch wenn das meist einen etwas längeren Ausflug erfordert.

**Die typische Hütehaltung der Border Collies ist angeboren. Das brauchen sie nicht erst zu lernen.**

## Auswahl der Elterntiere

Eine Unterhaltung mit einer Kollegin machte mir deutlich, wie viel leider noch im Argen liegt, was die Wahl der Elterntiere angeht. Sie erzählte, dass sie eine Boxerausstellung besucht hatte. Zwar besitzt sie selbst einen Hund dieser Rasse, hat von Rassestandards oder worauf auf einer Ausstellung geachtet wird, jedoch keine Ahnung. Sie „wettete", welcher Hund bei den einzelnen Prüfungen gewinnen würde. Als Kriterium suchte sie nach Hunden, die am meisten an der Leine zogen, andere Hunde angifteten oder jedenfalls drohfixierten (d.h. andere Hunde mit dem Blick bedrohten), und meistens tippte sie auf den richtigen Hund. Gesamtsieger wurde ein Rüde, der sich – einem anderen Rüden gegenübergestellt – so richtig in Pose brachte und Imponier- und Drohverhalten zeigte, denn das wollten die Richter anscheinend sehen. Ein Hund, der freundlich war, beschwichtigte und sich nicht von anderen Hunden provozieren ließ, hatte keine Chance. Ist es dann ein Wunder, dass man in den Hundeschulen mehr und mehr Boxer sieht, die eben nicht mehr so ruhig und liebenswert sind, wie es diese Hunde vor einigen Jahren noch waren?

In meiner Praxis für Verhaltenstherapie wurde mir ein Retriever mit einem Aggressionsproblem gegen Menschen und andere Hunde vorgestellt. Mein Vorschlag, den Hund zu kastrieren, wurde vehement abgelehnt, weil er schon etliche Ausstellungssiege hatte und ein „wertvoller" Deckrüde war.

Ein anderer Hund war extrem ängstlich, obwohl eigentlich sowohl der Züchter als auch der spätere Besitzer viel Wert auf eine gute Sozialisation gelegt hatten. Trotzdem zeigte der Hund in vielen Situationen sehr viel Stress, was sich hauptsächlich durch Bellen äußerte. Nach dem Besuch einer Ausstellung speziell dieser Rasse, erzählte die Besitzerin, dass dort alle Hunde ständig am Kläffen gewesen waren. Ihr eigener Hund wirkte im Vergleich mit den anderen sogar recht cool.

Solche Beispiele ließen sich, mit unterschiedlichen Rassen, beliebig fortsetzen. Und das zeigt leider allzu deutlich, dass bei der Auswahl der Elterntiere eben viel zu sehr nach dem Aussehen selektiert wird und nicht nach dem Verhalten bzw. dass Hunde, die z.B. Drohverhalten zeigen, sogar noch bevorzugt werden oder dass eben auch mit ängstlichen Tieren gezüchtet wird. Und das darf eigentlich nicht sein, denn damit tragen die Züchter indirekt zu den vielen Verhaltensproblemen bei, die zum einen sehr viel Leid bei den entsprechenden Hundehaltern erzeugen, zum anderen letztendlich oft für das Einschläfern der Hunde verantwortlich sind.

Anstatt in den unterschiedlichen Rassen nach Show- und Arbeitslinien zu selektieren, sollte lieber das Züchten von familienfreundlichen Tieren im Vordergrund stehen und das auch entsprechend von den Richtern bewertet werden.

### Wichtig

***Sehen Sie sich die Elterntiere an, beobachten Sie, wie sie z.B. mit kleinen Kindern oder fremden Hunden umgehen, und lassen Sie die Finger davon, wenn sich dabei Probleme zeigen. Ist die Hündin bei mehreren Besuchen mit immer wieder neuen Ausreden nicht bei ihrem Wurf und auch nicht zu sehen, seien Sie äußerst skeptisch! Es gibt sogar „Hundevermehrer", die eine Vorzeigehündin haben, die dann für alle Welpen herhalten muss, egal von welchen Müttern sie abstammen. Seien Sie auf der Hut!***

Golden Retriever-Hündin Dizzy einen Tag vor der Geburt ihrer Welpen.

## Die Entwicklungsphasen des Hundes

Nach langer Suche hat ein Züchter zu seiner netten freundlichen Hündin einen ebenso tollen Rüden gefunden. Er war mit der Hündin bei ihm zum Decken.

Verhaltensänderungen der Hündin lassen einen erfahrenen Züchter schon relativ bald erkennen, ob alles geklappt hat. Mit ziemlicher Sicherheit wird das jedoch erst die tierärztliche Untersuchung zeigen. Der erfahrene Tierarzt kann die Bauchdecke abtasten und gegen Ende des ersten Trächtigkeitsmonats die so genannten Früchte in der Gebärmutter fühlen (Palpation). Mithilfe der Ultraschalluntersuchung kann er ab dem 18. Tag der Trächtigkeit die Fruchtkammern oder dann später ab dem 25. Tag sogar die Herzpulsation der Welpen und damit ihr Leben darstellen. Nun entwickelt sich, wenn nichts mehr dazwischenkommt, dieses neue Leben immer weiter.

Die Entwicklung der Welpen kann anhand einiger charakteristischer Vorgänge in bestimmte Phasen eingeteilt werden (siehe Kasten). Wir werden uns im Folgenden mit der vorgeburtlichen Phase bis zur Sozialisationsphase beschäftigen.

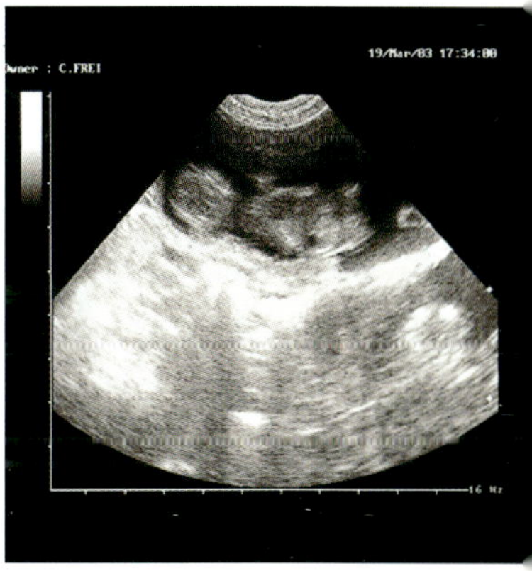

Ultraschallbild einer trächtigen Hündin.

### ENTWICKLUNGSPHASEN DES HUNDES

| | |
|---|---|
| Vom Deckakt bis zur Geburt | Vorgeburtliche Phase |
| Von der Geburt bis zum 13. Tag | Neugeborenenphase |
| Vom 14. bis zum 21. Tag | Übergangsphase |
| Vom 21. Tag bis zur 12.–16. Woche | Sozialisationsphase |
| Bis zum Eintritt der Geschlechtsreife | Junghundphase |
| Ab dann | Erwachsenenphase |

**Wichtig**

*Die Trächtigkeitsdauer beträgt ca. zweiundsechzig bis vierundsechzig Tage.*

## Vorgeburtliche Phase

Ich möchte die Entwicklung des Welpen nicht erst ab der Geburt vorstellen, sondern schon im Mutterleib beginnen. Leider gibt es meines Wissens nach noch keine so schönen Aufnahmen von dieser Entwicklung, wie es das von menschlichen Babys gibt. Dennoch ist diese Zeit nicht uninteressant. Schon hier geschehen spannende und wichtige Dinge, die für das spätere Verhalten unseres Hundes wichtig sind.

Einen bis dreizehn oder gar mehr Welpen kann eine Hündin austragen, was unter anderem auch etwas von der Rasse abhängig ist.

Im zweiten Trächtigkeitsmonat nimmt das Wachstum der Hundebabys und damit der Bauchumfang der Hündin ständig zu. So wie das Herz der Welpen schon früh zu schlagen anfängt, übernehmen auch viele andere Organe bereits im Mutterleib ihre Funktion. Wichtig aus verhaltensbiologischer Sicht ist hier vor allem das Gehirn. Schon im Mutterleib werden die Gehirnnerven weitgehend vollständig angelegt und übernehmen teilweise ihre Funktion. Einer der Sinne, der schon im Mutterleib entwickelt ist, ist der Geschmackssinn. Das wurde anhand von Versuchen festgestellt, in denen die Geschmacksvorlieben der jungen Hunde später getestet wurden, nachdem sie schon im Mutterleib mit bestimmten Stoffen konfrontiert worden waren.

Ein anderer Sinn, der in dieser Zeit funktioniert, ist der Tastsinn. Die kleinen Hundebabys können also schon in der Gebärmutter Berührungen fühlen. Untersuchungen haben gezeigt, dass junge Hunde viel unempfindlicher bei Berührungen sind, wenn sie in der Gebärmutter, durch den Mutterbauch hindurch, „gestreichelt" wurden. Das nennt man den so genannten „Streicheleffekt". Die Welpen werden dadurch in ihrem Verhalten viel ausgeglichener. Es gibt auch Hinweise, dass sich dieser Streicheleffekt über das Nervensystem später auf eine bessere Bindung zum Besitzer auswirkt.

Lebt die tragende Hündin beim Züchter mit in der Familie und kümmert man sich sorgfältig um sie, kommt dieser Streicheleffekt häufig ganz unbewusst zum Tragen. Denn meist genießt es die Hündin, wenn sie ihren Bauch gestreichelt bekommt, und dann tut man ihr doch gern diesen Gefallen. Bei tragenden Hündinnen bei Massenvermehrern fehlt dafür jede Zeit und persönliche Bindung, bzw. es ist auch gar kein Interesse vorhanden, einer Hündin, und damit auch den Welpen, auf diese Art und Weise etwas Gutes zu tun. Das ist eines von vielen Beispielen, die zeigen, wie viel Einfluss der Züchter auf die späteren Welpen hat. Leider wird dieser Einfluss meist viel zu wenig beachtet. Ich hoffe, dass dieses und folgende Beispiele den Massenvermehrern das Leben künftig schwerer machen.

**Der Streicheleffekt hat schon auf die Welpen im Bauch einen positiven Effekt.**

## Reizübertragung und Stressbewältigung

Hunde haben – genau wie wir – in ihrem Körper eine Vielzahl chemischer Botenstoffe in ihrem Nervensystem. Das Fachwort dafür ist „Neurotransmitter". Diese Neurotransmitter werden z. B. an den Nervenenden ausgeschüttet und übertragen den elektrischen Impuls, der über den Nerv bis zum Ende ankommt und dort über den so genannten synaptischen Spalt auf den nächsten Nerv oder auch den Muskel übertragen wird, je nachdem, wo der Nerv endet.

Diese Neurotransmitter werden von so genannten Rezeptoren erkannt, oder man kann sagen, sie passen dort wie ein Schlüssel ins Schloss.

Die Neurotransmitter und die dazugehörigen Rezeptoren entwickeln sich in der vorgeburtlichen Zeit bzw. beginnen dort schon, ihre Arbeit aufzunehmen. Das Spannende für uns in diesem Zusammenhang ist, dass die Zahl dieser Rezeptoren bzw. die Menge der Neurotransmitter sich unter anderem nach der Häufigkeit ihres Gebrauches richtet. Vereinfacht kann man sagen, je mehr Informationen ein bestimmter Nerv überträgt, desto mehr Neurotransmitter werden gebildet und desto mehr Rezeptoren werden angelegt. Sind viele Rezeptoren da, ist der Nerv entsprechend empfindlicher für die ihm zugedachte Information. Dieser Zusammenhang wird noch komplizierter durch die Tatsache, dass auch die Neurotransmitter der Hündin darauf einen Einfluss haben, die der Welpe ja über das Blut sozusagen mitbekommt. Hat eine Hündin während der Trächtigkeit aus irgendwelchen Gründen sehr viel Angst, selbst wenn sie normalerweise nicht besonders ängstlich ist, kann sich diese Ängstlichkeit über die sich bildenden Rezeptoren bei den Welpen so auswirken, dass sie später besonders leicht ängstlich sind. Aus diesem Grund ist es bei einer trächtigen Hündin besonders wichtig, stark angstauslösende Situationen zu vermeiden!

Das heißt jedoch nicht, dass die tragende Hündin in Watte gepackt werden muss. Hier und da etwas Stress ist durchaus sinnvoll, denn auch die biochemischen Abläufe im Stresszustand werden schon beim Hundebaby in der Gebärmutter trainiert. Ab und zu leichter Stress bewirkt, dass die Tiere später viel besser mit Stress umgehen können.

Es gibt Versuche mit Ratten, die zeigen, dass milder Stress in der Trächtigkeit dazu führt, dass die Babys später nach der Geburt stress- und krankheitsresistenter sind. Starker Stress führt hingegen dazu, dass die Jungen viel stressanfälliger sind und sehr viel weniger gut lernen können.

**1** Auch in Sachen körperlicher Beanspruchung braucht man eine tragende Hündin nicht in Watte zu packen.

**2** Sport in Maßen tut sowohl ihr als auch den Welpen gut.

Ich habe den Verdacht, dass viele Probleme, wie z. B. beim Border Collie, hier ihre Ursache haben. Das sind Hunde, die auch im Spiel besonders leicht aufdrehen, was nichts anderes als Stress ist. Wird das nun übertrieben, sind die Jungen von vornherein „vorgeschädigt“, insofern als sie immer schneller aufdrehen, immer nervöser und hyperaktiv werden und immer schwieriger lernen. Es ist nur ein Verdacht, aber ich würde mit sehr erregbaren Hündinnen entweder gar nicht züchten oder sie während der Trächtigkeit möglichst ruhig halten, um sie so wenig wie möglich aufzuregen.

## Auswirkungen auf das Verhalten

Einen weiteren wichtigen Aspekt für die Verhaltensentwicklung, der sich in der vorgeburtlichen Phase findet, möchte ich noch ansprechen. Zunächst sind die männlichen und weiblichen Welpen von ihrem Verhalten her gleich angelegt. Kurz vor der Geburt sind die Hoden der männlichen Tiere das erste Mal aktiv und es kommt zu einer ersten Testosteronausschüttung. Dadurch wird die Grundlage für das spätere männliche Verhalten gelegt. Versuche an Mäusen lassen vermuten, dass auch die weiblichen Tiere indirekt davon betroffen sind. Liegt ein weibliches Tier in der Gebärmutter in der Nähe von nur männlichen, könnte es sein, dass sein Verhalten später auch viele männliche Eigenschaften aufweist.

Sie sehen, wie viele Faktoren bei der Verhaltensentwicklung schon eine Rolle spielen, bevor die Hundebabys das Licht der Welt erblicken. Sehen wir uns die Entwicklung weiter an. Es wird noch spannender!

### VORGEBURTLICHE PHASE – CHANCEN UND RISIKEN

| Chancen | Risiken |
|---|---|
| Durch den Streicheleffekt wird auf die Berührungsempfindlichkeit der Hunde eingewirkt. | Extreme Stress- und Angstsituationen der Mutter haben einen sehr negativen Einfluss auf das spätere Verhalten der Welpen. |
| Wahrscheinlich hat dieser Streicheleffekt auch Auswirkungen auf die spätere Bindung zum Besitzer. | |
| Milder Stress des Muttertieres führt zu stress- und krankheitsresistenteren Welpen. | |

## Neugeborenenphase

Zwischen dem 62. und 64. Tag ist es so weit. Die Geburt beginnt meist mit einer Unruhe der Hündin. Sie frisst nicht mehr, sucht sich ein Lager bzw. richtet es her. Ihre Körpertemperatur fällt um 1 bis 1,5 °C. Die Wehen beginnen, was durch ein Anspannen der Bauchdecke deutlich wird. Man nennt dies das Eröffnungsstadium, weil sich hier hauptsächlich der Muttermund weitet.

Dann folgt das Austreibungsstadium. Die Wehen sind jetzt kräftig und regelmäßig und befördern die kleinen Hundebabys ans Licht der Welt. Die Mutter nabelt die Welpen ab und entfernt die Eihäute. Durch das Massieren mit der Zunge und das Herumschubsen der Kleinen wird die Atmung angeregt. Nach jedem Hundebaby kommt normalerweise die dazugehörige Nachgeburt, die von der Hundemutter meist sofort aufgefressen wird.

Das Geburtsgewicht der Kleinen ist natürlich von der Rasse abhängig, kann aber auch innerhalb einer Rasse sehr schwanken. So gibt es z. B. bei Golden Retrievern Geburtsgewichte von 200 bis 600 Gramm, bei Yorkshire Terriern von 90 bis 150 Gramm, was auch von der Anzahl der Welpen im Wurf abhängig ist. Hat eine Hündin nur einen oder zwei Welpen, sind diese in der Regel deutlich schwerer, als wenn sie acht oder zehn Welpen hat.

Die kleinen Welpen machen sich schon bald auf die Suche nach der mütterlichen Milchquelle und werden dafür mit der wertvollen Kolostralmilch belohnt, die besonders viele mütterliche Antikörper enthält. Schon dieses Suchen und die anschließende Belohnung durch den Erfolg sind sehr wichtige Erfahrungen, die man den Kleinen nicht nehmen sollte, indem man sie z. B. direkt vor die Zitze legt. In der Natur ist alles so eingerichtet, dass die Hundebabys von Anfang an nach ihren Fähigkeiten gefordert und gefördert werden, um eine optimale Entwicklung zu gewährleisten.

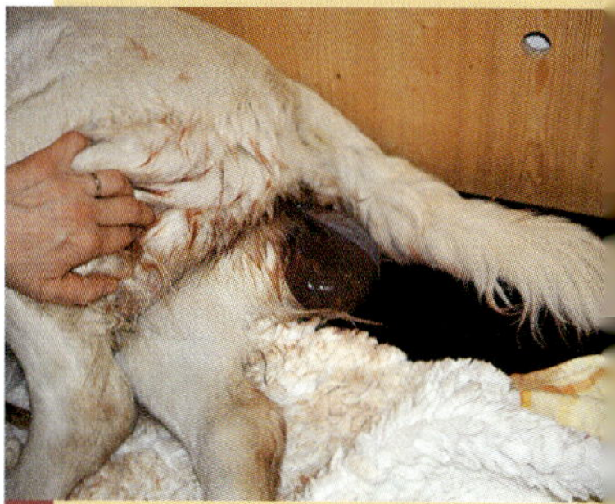

**1** **Hier ist das Austreibungsstadium in vollem Gang: Gleich ist der Welpe da.**

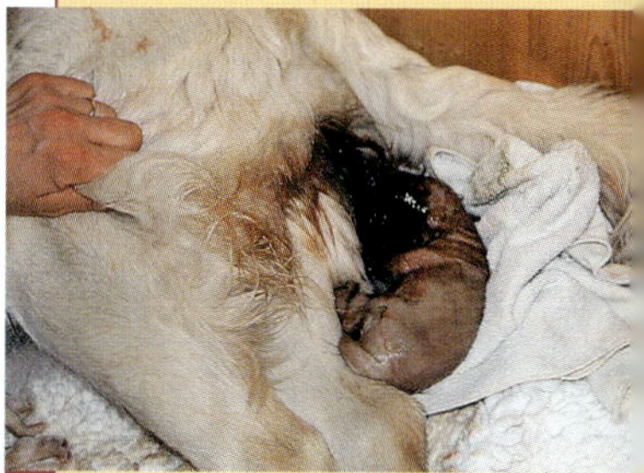

**2** **Dieser Welpe kam mit den Hinterbeinchen zuerst, was bei Hunden gar nicht so selten und meist problemlos ist.**

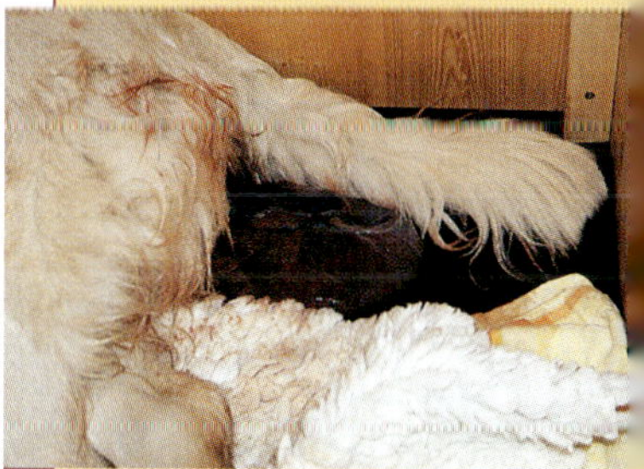

**3** **Nach jedem Welpen kommt normalerweise dessen Nachgeburt, die von der Hündin meist gefressen wird.**

**4** **Es ist immer wieder erstaunlich, wie schnell die Neugeborenen die Milchquelle finden.**

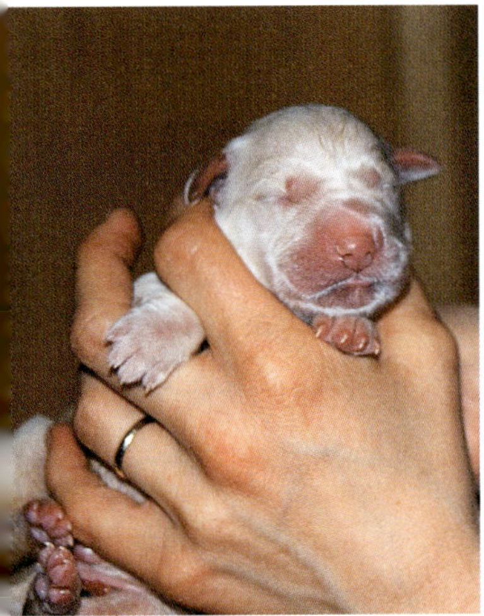

Die kleinen Welpen sind nach der Geburt noch taub und blind. Augen und Gehörgänge sind noch verschlossen.

## Angeborene Verhaltensweisen

Die Welpen haben nun einen Übergang in eine andere Welt vollzogen. Außer der einsetzenden Atmung und der Milchaufnahme ändert sich für sie jedoch kaum etwas. Als so genannte Nesthocker sind sie noch auf Gedeih und Verderb von der Mutter abhängig.

Von ihr bekommen sie die lebensnotwendige Wärme. Die Kleinen sind nämlich noch nicht in der Lage, ihre Körpertemperatur selbst zu halten. So verlässt die Mutter in den ersten Tagen das Nest auch nur sehr selten und ist die meiste Zeit um ihre Welpen bemüht. Die Kleinen können bereits sehr genau warm und kalt unterscheiden. Wird es ihnen zu kalt, bewegen sie sich reflexartig so lange, bis sie eine Wärmequelle, also entweder die Mutter oder andere Geschwister, gefunden haben. Werden sie nicht fündig, stoßen sie einen Verlassensein-Ruf aus. Dieses Verhalten ist angeboren. Interessanterweise ist es auch bei der Hündin vorprogrammiert, in dieser Zeit auf diesen Ruf zu reagieren. Würde man ihn auf Tonband aufnehmen und ihn ihr zu einer anderen Zeit vorspielen, z. B. in der Trächtigkeit oder längere Zeit danach, würde sie kaum darauf reagieren. In der Zeit um die Geburt aber, so bis zum fünften bis zwölften Tag, würde sie selbst das Tonbandgerät ins Nest tragen, sobald der Schrei ertönt.

Diese Verhaltensweisen, die für das Überleben der Welpen notwendig sind, sind also angeboren. Es wäre nicht sehr sinnvoll, wenn sie erst erlernt werden müssten. Natürlich lernt auch die Mutter. Während sie beim ersten Wurf meist noch sehr aufgeregt ist, wird sie später immer gelassener und sicherer in dem, was sie tut.

Für die Welpen ist die Wärme in dieser Zeit wichtiger als etwa die Gesellschaft der Mutter (außer natürlich als Nahrungsquelle) oder der Geschwister. Legt man den Welpen auf ein gut temperiertes Heizkissen, ist er zufrieden und zeigt keine Zeichen des Verlassenseins. Das wird sich später ändern, aber im Moment ist sein Nervensystem noch so wenig ausgebildet, dass er zu viel mehr gar nicht in der Lage ist.

Bis auf die Geschmacks- bzw. Geruchswahrnehmung, den Gleichgewichtssinn und die Temperatur- und Tastwahrnehmung sind bei den Welpen in dieser Zeit keine weiteren Sinnesorgane entwickelt. Sie sind noch taub und blind. Augen und Gehörgänge sind geschlossen. Die Welpen sind daher auch relativ unempfindlich gegen äußere Einflüsse. Außerdem können sie kaum lernen. Das „kaum" bezieht sich dabei auf im Alltag beobachtbare Verhaltensweisen. In Versuchen wurde nämlich nachgewiesen, dass auch ganz junge Hundewelpen schon in der Lage sind, bestimmte Dinge zu lernen.

## Reflexbestimmtes Verhalten

Das Verhalten der Welpen in der Neugeborenenphase ist hauptsächlich durch Reflexe gesteuert. Wir haben uns eben schon das reflexartige Nähesuchen angesehen. Nun zeigen die Welpen auch den typischen Pendelreflex. Dabei bewegen sie ihr Köpfchen von einer Seite zur anderen, während sie sich kreisförmig vorwärts bewegen. Das erhöht die Chancen, etwas Warmes oder z. B. die Milchquelle zu erreichen. Außerdem kommt man immer wieder an den Ausgangspunkt zurück, wenn man im Kreis läuft, und man kann nicht verloren gehen. Von Laufen kann in diesem Alter eigentlich noch keine Rede sein. Die Hundebabys liegen platt auf dem Bauch und ziehen sich mit ihren Vorderbeinchen quasi wie mit Schwimmbewegungen vorwärts. Daran kann man schön sehen, wie sich die Nerven allmählich von vorne nach hinten entwickeln. Der Gesichtsnerv ist bei der Geburt bereits ausgebildet. Den brauchen die Kleinen auch, um zu nuckeln. Die Vorderbeine sind ebenfalls einsatzbereit. Ab ca. dem sechsten Lebenstag versuchen die Welpen sich hochzustemmen. Durch den bereits entwickelten Gleichgewichtssinn sind sie in der Lage, sich wieder auf den Bauch zu drehen, wenn sie mal umkullern sollten.

**Die Hundemutter leckt über das Bäuchlein ihrer Babys, um deren Verdauung anzuregen, was noch nicht ohne Hilfe von außen funktioniert.**

Weiter hinten jedoch sind die Nerven und auch die Muskulatur noch nicht sehr entwickelt. Die Hinterbeinchen werden nachgezogen. Erst ab ca. dem achten Lebenstag werden sie bewegt. Auch die Ausscheidung funktioniert noch nicht, sondern wird wieder reflexartig von der Mutter gesteuert, indem sie den Kleinen über Bauch und Geschlechtsteile leckt. Das macht sie meist vor dem Füttern, was außerdem den Sinn und Zweck hat, die Babys aufzuwecken.

Muss man Welpen ohne Mutter aufziehen, sollte die Bauchmassage z. B. mit einem feuchten Handtuch nachgemacht werden. Sonst können die Welpen nicht überleben, weil durch einen fehlenden Anreiz von außen die Verdauung nicht funktionieren würde und sie die Ausscheidung noch nicht allein steuern können.

## KUPIEREN

Wo früher die Schwänze kupiert wurden bzw. wo sie es heute noch werden, wird oft argumentiert, dass junge Welpen nichts spüren. Das stimmt jedoch nicht. Dass die Nerven nicht vollständig entwickelt, also noch nicht mit der Myelinscheide umgeben sind, bedeutet nicht, dass sie überhaupt nicht leiten, sondern nur, dass sie langsamer leiten. Inzwischen nimmt man sogar an, dass die Welpen den Schmerz deutlicher spüren, weil bestimmte Mechanismen im Gehirn noch nicht ausgebildet sind, die für eine Hemmung sorgen.

Der Beugereflex: Der Welpe krümmt sich und zieht die Beinchen an.

Ab dem 4. Tag zeigt der Welpe beim Anheben den Streckreflex: Er streckt Rücken und Beinchen.

## Beuge- und Streckreflex

Zwei weitere Reflexe, die man auch in der Neugeborenenphase schön beobachten kann, sind der Beuge- und der Streckreflex. Hebt man einen Welpen in den ersten drei Tagen am Nacken hoch, wird er alle Beinchen anziehen, weil die Muskeln für das Beugen der Gelenke die Überhand haben. Das ändert sich ab ca. dem vierten Tag. Hebt man dann den Welpen hoch, streckt er sich und seine Beinchen. Jetzt haben die Streckmuskeln die Überhand.

Außer den erwähnten Reflexen kann man in dieser Zeit noch kaum Verhaltensweisen beobachten. Die Welpen schlafen und nuckeln eigentlich nur bzw. sind damit beschäftigt, überhaupt eine Nuckelstelle zu finden. Auch hierfür sind sie wieder optimal ausgerüstet. Bei vielen Rassen sind die Zungen der Hundchen fast zu groß, um ins Mäulchen hineinzupassen. Aber sie passen optimal um die Zitzen des Muttertieres. So docken die Kleinen dort richtiggehend an. Sie können sich sogar so festhalten, dass sie kurze Zeit hängen bleiben, wenn die Mutter aufsteht und das Nest verlassen will.

Der Schlaf der Kleinen ist oft kaum von der Wachphase zu unterscheiden, zum einen, weil sie die Augen noch nicht geöffnet haben, zum anderen, weil der Schlaf selbst auch noch sehr unruhig ist. Auch Messungen der Gehirnströme in dieser Zeit zeigen kaum einen Unterschied zwischen Wach- und Schlafphase.

Bis zum Alter von einer Woche haben die Welpen ihr Geburtsgewicht normalerweise verdoppelt. Man kann ihnen fast zusehen, wie sie wachsen.

Die Neugeborenenphase dauert von der Geburt bis etwa zum 13. Lebenstag, wenn die Welpen beginnen, ihre Augen zu öffnen.

Auch in dieser Zeit haben milde Stressoren eine positive Auswirkung auf die Entwicklung der Welpen. Sie können die Krankheitsresistenz steigern, eine emotionale Ausgeglichenheit unterstützen und späteres Lern- und Problemlöseverhalten verbessern.

## Was sind milde Stressoren?

Ein Stressor ist z. B., wenn man Hunger hat und sich nach etwas Ess- bzw. Trinkbarem umschauen muss. Wie schon weiter vorne beschrieben, sollte man den Welpen diese Erfahrung nicht nehmen. Ähnlich ist es mit der Temperatur. Die muss nicht in der ganzen Wurfkiste gleich sein, wie dies häufig mit einer Wärmelampe bewirkt wird. Mutter und Geschwister reichen normalerweise als Wärmequelle. Ist die Mutter weg, kann man bei den Welpen beobachten, dass sie alle auf einem Haufen liegen. Die Äußeren suchen weiter innen Wärme, wenn es ihnen zu kalt wird. Dadurch gelangen die Inneren nach außen, bis es denen dann wieder zu kalt wird. Und gerade in der ersten Zeit dauert es ja normalerweise nie lange, bis Mama wieder da ist.

Also kann man auf die Rotlichtlampe ruhig verzichten und die Welpen die Erfahrung von Wärme und Kälte machen lassen. Wenn nur ein oder zwei Welpen da sind, sollte man jedoch in der Zeit, in der die Mutter die Wurfkiste verlässt, für eine Wärmequelle sorgen.

Für weitere milde Stressoren kann der Züchter sorgen, indem er die Welpen öfter mal in die Hände nimmt. Oft geschieht das schon dadurch, dass die Welpen regelmäßig gewogen werden. Auch wenn auf das Gewicht kein so großer Wert gelegt wird, sollten die Welpen schon jetzt hin und wieder in die Hand genommen werden. Dadurch wird der Geruchssinn angeregt. Die Welpen merken, dass die Hand anders riecht als Mama oder die Geschwister. Auch der Gleichgewichtssinn wird stimuliert. Es gibt sogar die Theorie, die meines Wissens aber noch nicht bewiesen ist, dass Welpen, die in ihren ersten Lebenswochen viel in die Hand genommen, mal kurz auf den Kopf gestellt oder auf den Rücken gelegt werden, später keine Probleme beim Autofahren bekommen, ihnen also nicht schlecht wird beim Fahren.

Eine gute Übung ist es auch, den Welpen in schön gewärmten Händen einschlafen zu lassen. Er sollte dazu nicht mehr hungrig sein. Diese Übung kann man sowohl machen, indem man den Welpen auf den Bauch als auch auf den Rücken legt. Es ist später für den erwachsenen Hund sehr sinnvoll, wenn er gelernt hat, in jeder Situation schlafen zu können.

Den Tastsinn kann man stimulieren, indem man den Welpen schon jetzt an Ohren, Beinchen und Pfötchen berührt. So wird das später für ihn zur Selbstverständlichkeit. Auch unterschiedliche Oberflächen und Gerüche kann man den Welpen schon sekundenweise näher bringen. Später wird darauf aufgebaut.

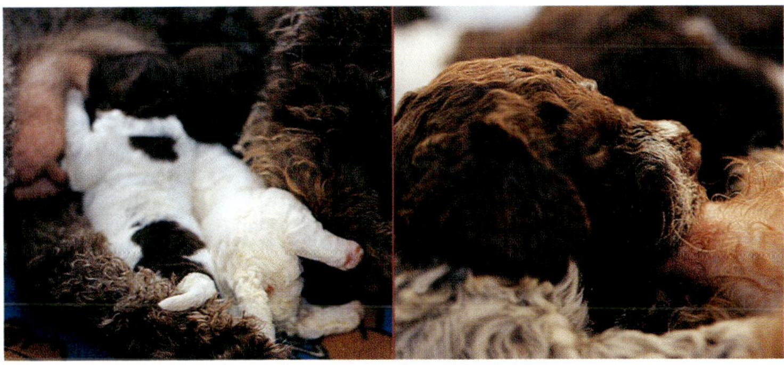

**Die Welpen müssen sich ihre Milch wirklich erarbeiten. Das ist eine sehr wichtige Erfahrung, die man ihnen nicht nehmen sollte. Die süße, leckere Milch ist dann die Belohnung für ihre Bemühungen.**

Das Einschlafen auf dem Schoß der Züchterin fördert die Bindung zum Menschen.

1

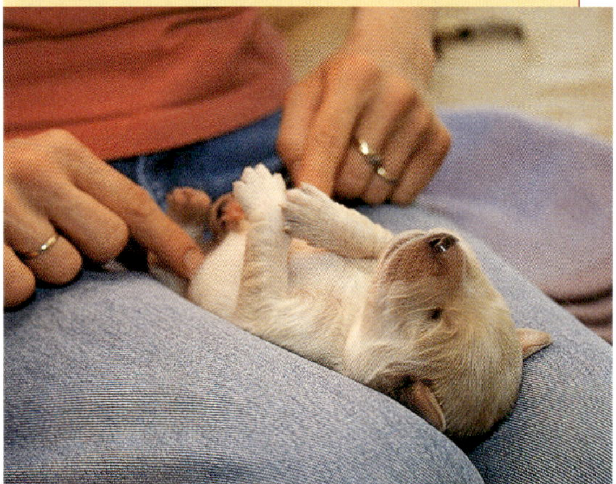

Sehr sinnvoll ist es auch, wenn der Welpe schon von Anfang an an die unterschiedlichsten Berührungen gewöhnt wird.

2

Ein leichtes Wippen auf den Händen trainiert den Gleichgewichtssinn.

3

## Vorteile milder Stressoren

Durch diese milden Stressoren trainiert der Welpe seine biochemische Antwort auf Stress. Ein so vorbereiteter Welpe wird später bestimmt auch mal stressige Situationen erleben, aber er weiß damit viel besser umzugehen. Außerdem sind in einem solchen „Notfall" aus Sicht des Körpers alle Stoffwechselvorgänge schnell darauf eingestellt, zeigen also eine optimale Reaktion, die dann aber auch zügig wieder Normalwerte annimmt.

Bei einem Welpen, der sein biochemisches Stresssystem nicht in dieser Weise trainieren konnte, wird es viel träger reagieren und viel länger brauchen, bis wieder Normalwerte erreicht werden, was unter Umständen recht schnell zu psychosomatischen Erkrankungen führen kann, wie z. B. einer Schwächung des Immunsystems.

Praktiziert man solche Übungen nur fünf Minuten am Tag (über mehrere Male verteilt) mit jedem Welpen, reicht das vollkommen aus. Bei einem Wurf mit acht Welpen ist der Züchter dann allein damit schon fast eine Stunde lang beschäftigt, ohne die anderen zu erledigenden Dinge, wie Saubermachen und die Hündin versorgen. Welpen optimal aufzuziehen ist also sehr arbeitsintensiv, wenn es richtig gemacht werden soll. In so genannten „Welpenfabriken" ist für solche Übungen keine Zeit, was die späteren Hundehalter dann oft mit Problemverhalten konfrontiert, neben ebenfalls häufig auftretenden gesundheitlichen Problemen der Welpen. Ich kann gar nicht oft genug empfehlen, sich die Zuchtstätte eines Welpen sehr genau anzusehen und keinen Welpen aus Mitleid zukaufen. Denn auch damit unterstützt man letztendlich das skrupellose Vorgehen der „Welpenproduzenten".

## Kaufpreis von Welpen

Der höhere Preis eines verantwortungsvoll aufgezogenen Welpen ist in jedem Fall gerechtfertigt. Wenn man sich vorstellt, dass ein guter Züchter in den acht Wochen, in denen die Welpen bei ihm sind, fast rund um die Uhr beschäftigt ist und alle möglichen Anstrengungen unternimmt, um seine Welpen optimal auf das spätere Leben vorzubereiten, sind die Welpen eigentlich sogar noch zu billig.

Ersteht man dagegen einen Welpen für „'nen Appel und 'n Ei" von einem unseriösen Züchter und freut sich zunächst darüber, einen billigen Hund gekauft zu haben, wird man bald eines Besseren belehrt. Spätestens dann, wenn die entsprechend häufigen Tierarztkosten anstehen, weil der Kleine alle möglichen Krankheiten angeschleppt hat, oder wenn die Einzelstunden in der Hundeschule fällig sind, weil der Kleine alle möglichen Verhaltensprobleme hat, oder wenn eine Verhaltenstherapie durchgeführt werden muss.

## NEUGEBORENENPHASE – CHANCEN UND RISIKEN

| Chancen | Risiken |
| --- | --- |
| Weil Seh- und Gehörsinn noch nicht ausgebildet sind, ist der Welpe – auch vor negativen Umweltreizen – noch relativ gut geschützt. | Durch übertriebene Führsorge (z. B. Rotlichtlampe, Anlegen an die Zitze) wird den Welpen die Chance genommen, mit Stressoren umgehen zu lernen. |
| Durch sinnvolle Übungen kann der Züchter jetzt schon die Entwicklung der Sinne fördern. | |

**Auch durch das tägliche Wiegen erhält der Welpe eine sehr sinnvolle Behandlung, die weit über die reinen Gewichtsinformationen hinausgeht.**

**Bei täglicher Zuwendung fasst der Welpe schnell Vertrauen zur Züchterin.**

## Übergangsphase

Die Übergangsphase, auch transitionale Phase genannt, dauert vom Öffnen der Augen (ca. 13. Lebenstag) bis zum vollständigen Öffnen des Gehörganges, also ungefähr eine Woche lang.

Diese Zeit ist von einer rasanten Entwicklung zu mehr Unabhängigkeit gekennzeichnet. Mit dem Öffnen von Augen und Ohren wird das Gehirn mit neuen Möglichkeiten konfrontiert, Informationen aus der Außenwelt zu bekommen und zu verarbeiten.

### Das Öffnen der Augen

Die Entwicklung der Sehfähigkeit ist ein schönes Beispiel dafür, wie sehr die Entwicklung des Welpen einerseits vom Wachstum und der Organisation des Nervensystems und andererseits von Umwelteinflüssen gesteuert wird. Das heißt also, dass sich ohne die Umwelteinflüsse das Nervensystem nicht entwickeln könnte, und ohne das Nervensystem könnte sich der Welpe nicht entwickeln. Das alles ist eng miteinander verbunden. Würde man die Augen der Welpen weiterhin geschlossen halten, könnte sich die Sehkraft nicht entwickeln. An Affenbabys wurde ein solcher Versuch einmal durchgeführt. Wenn ein Auge nach der Geburt sechs Wochen lang künstlich verschlossen wird und sich erst dann öffnen kann, gibt es trotz einer normalen Entwicklung des Auges keine Sehfähigkeit. Dieses Handikap kann auch nicht wieder rückgängig gemacht werden. Die sensible Phase für die Entwicklung der Sehfähigkeit im Gehirn ist unwiederbringlich vorbei.

Ein weiterer Versuch bezüglich der Sehfähigkeit wurde an Katzenbabys durchgeführt. Eine Versuchsgruppe wuchs in einer Umgebung auf, in der es nur horizontale Linien gab. In der Umgebung der anderen Gruppe gab es nur vertikale Linien, also nur solche, die von oben nach unten verliefen. Wurden die Kätzchen später in eine

In der 3. Woche setzt die selbstständige Wärmeregulation ein. Die Welpen hecheln, wenn es zu warm ist.

normale häusliche Umgebung gebracht, fanden sie sich darin nicht zurecht, weil sie die in der ersten Zeit jeweils fehlenden Linien nicht wahrnehmen konnten. Ein Kätzchen aus der Gruppe, in der es nur horizontale Linien gab, konnte z. B. kein Tischbein erkennen, ein Kätzchen aus der anderen Gruppe z. B. keine Tischkante. Sehen Sie sich mal in Ihrer Umgebung um, was es dort alles an Linien gibt! Diese können Sie nur erkennen, weil Sie schon in der sensiblen Phase der Sehentwicklung die Möglichkeit hatten, diese Linien zu sehen. Das kommt uns alles so selbstverständlich vor. Doch erst solche Versuche zeigen, wie komplex etwas scheinbar Normales ist.

## Wahrnehmung von Geräuschen

In diesen Tagen wird man außer dem Öffnen der Augen auch feststellen, dass die Welpen anfangen, auf Geräusche zu reagieren. Während unsere Geräusche in der vorherigen Woche noch völlig unbemerkt blieben, kann es jetzt passieren, dass man etwas sagt und die Welpen darauf mit einer gewissen Aktivität reagieren. Ist man dann ruhig, kommen auch sie wieder zur Ruhe; gibt man einen Ton

### WÄRMEREGULATION

Neben dem Beginn der Seh- und Hörfähigkeit setzt in der Übergangsphase auch die Wärmeregulation der Welpen ein. Das bedeutet, dass der Welpe jetzt seine optimale Körpertemperatur allmählich selbst halten kann, indem er z. B. hechelt, wenn es zu warm, oder zittert, wenn es zu kalt ist. Aber wie alles andere muss auch das Hecheln erst richtig geübt werden. Manche Welpen reißen anfangs das Mäulchen so weit auf, wie sie es sonst nur beim Gähnen machen. Im Lauf der nächsten Tage lernen die Kleinen schnell, dass das gar nicht notwendig ist, um effektiv zu hecheln.

von sich, reagieren sie. Mit ziemlicher Sicherheit können sie die verschiedenen Töne noch nicht unterscheiden, denn auch das Hörzentrum im Gehirn muss sich ja erst entwickeln. Aber es ist faszinierend, mitzuerleben, wie die Wahrnehmung der Kleinen mehr und mehr zunimmt.

## Fortbewegung

Auch die Fähigkeit der Fortbewegung macht in dieser Zeit einen gewaltigen Sprung vorwärts. Die Welpen beginnen auf allen vier Beinen zu laufen. Sie purzeln dabei noch oft, aber es klappt von Tag zu Tag besser. Anfangs fällt auf, dass sie beim Vorwärtsgehen den Kopf von einer Seite zur anderen pendeln lassen, wie schon in der Neugeborenenphase. Das hört aber bald auf.

Sie können rückwärts gehen, meist sobald sich die Augen öffnen. Beim Saufen können die Kleinen nun schon kräftig die Zitzen von Mama mit den Vorderpfötchen bearbeiten, um den Milchfluss kräftig anzuregen.

Wieder scheint die Natur diese Entwicklung optimal zu fördern. Die Mutter ist jetzt nicht mehr so oft bei den Welpen. Kommt sie dann, legt sie sich nicht immer hin, sondern die Kleinen müssen auch mal die Nuckelstellen finden, wenn die Hündin sitzt, oder sie versuchen es sogar, wenn sie steht. Dadurch „trainiert" auch die Mutter ihre Kleinen zu immer mehr Körperbeherrschung. Es werden schon Sprünge geübt, es wird gekullert und dann wieder versucht, an die Zitzen zu gelangen. Und die Belohnung ist wieder die leckere Milch.

Zusammen mit der vermehrten Umweltwahrnehmung und den größeren Bewegungsmöglichkeiten sieht man jetzt auch erstmals, dass sich die Welpen miteinander beschäftigen. Hier sind die ersten Anfänge von Spielverhalten zu beobachten.

Unterstützt wird dies durch die erweiterten Verwendungsmöglichkeiten der Zunge. Während sie zuvor ausschließlich zum Nuckeln gebraucht wurde, können die Hundebabys damit jetzt auch lecken, z. B. ein Geschwisterchen.

**Kleine Abenteuer mit vielfältigen Sinnesreizen fördern die Entwicklung der Welpen.**

Bei der täglichen Welpengymnastik werden Vorder-, Hinterpfötchen und der Bauch berührt, um den Welpen auf spätere Behandlungen vorzubereiten.

## Erwachen der Neugier

In dieser Woche erwacht nach und nach die für Welpen so typische Neugier. Während sie in den Tagen zuvor noch relativ teilnahmslos und passiv waren, weil sie ihre Umwelt noch gar nicht richtig wahrnehmen konnten, werden sie jetzt immer aufgeweckter.

Während in den ersten Lebenstagen die Wärme für die Welpen am wichtigsten war, werden das jetzt mehr und mehr die Wurfgeschwister als Trainingspartner und Spielgefährten.

Nun kann man auch die ersten Kommunikationsversuche beobachten. Die Welpen geben eine ganze Reihe unterschiedlicher Töne von sich. So fangen sie – bei den verschiedenen Rassen etwas unterschiedlich – an zu bellen und auch zu knurren. Das Mäulchen wird nicht nur zum Nuckeln benutzt, sondern auch, um die Wurfgeschwister zu „erforschen“. Jetzt ist es auch an der Zeit, die Welpen mit unterschiedlichen Gegenständen in der Wurfkiste zu konfrontieren. Ein Ball, ein Plüschtier oder ein Stück Holz regen die Wahrnehmung der Kleinen an. Ein paar aufgehängte Glöckchen sorgen für Geräusche. Auch der Staubsauger und der Föhn können jetzt wahrgenommen werden. Verschiedene Gerüche können die Welpen jetzt unterscheiden. So könnte jeden Tag ein Kleidungsstück eines neuen Menschen in die Wurfkiste gelegt werden oder auch mal die Decke, auf der sonst immer die Katze liegt.

Die Welpen sollten natürlich weiterhin ihre Streicheleinheiten über den gesamten Körper bekommen. Rücken, Bauch, Beinchen bis hin zu den Pfötchen sollten berührt werden. Hierfür bieten sich zarte Massagen an. All das trägt einerseits dazu bei, dass sich das Nervensystem der Welpen gut entwickelt, und andererseits beginnen sie auch zu lernen, dass Berührung normal ist und eben zum Leben dazugehört.

**Auf diesen Bildern sieht man schön, wie sehr sich die Welpen in den ersten Wochen entwickeln. Angefangen vom Tag der Geburt ...** **1**

**... im Alter von einer Woche,** **2**

**... mit 3 Wochen** **3**

**... und kurz vor dem Abgeben in der 8. Woche. (Es ist immer derselbe Ball neben dem Welpen)** **4**

## Sozialisationsphase

Nach der Übergangsphase scheinen die kleinen Hündchen erst richtig in dieser Welt angekommen zu sein. Jetzt kann man sich vorstellen, dass daraus wirklich mal Hunde werden wollen. Die Sozialisationsphase dauert bis ca. zur 16. Lebenswoche. Was in dieser Zeit geschieht, trägt entscheidend zur Entwicklung des Hundes bei. Jetzt werden die Grundlagen für viele spätere Verhaltensweisen gelegt, so z. B. das Verhalten gegenüber anderen Hunden, das Lernverhalten, das Verhalten, wenn der Hund allein ist, sexuelles Verhalten, Vorlieben und Abneigungen usw. In der Sozialisationsphase liegen leider auch die Wurzeln für viele Verhaltensprobleme.

### Die körperliche Entwicklung

Im Alter von drei Wochen sind die kleinen Welpen bereits sehr agil. Die Beinchen sind jetzt viel stärker. Die Kleinen können schon richtig auf allen Vieren laufen und kippen längst nicht mehr so oft um wie zuvor.

Das Sehvermögen ist noch nicht völlig entwickelt. Obwohl die Augen auf sind, sehen die Welpen nicht sehr gut. Die Zähnchen brechen langsam durch und die Welpen beginnen, ihre Gaumen auch anderweitig als nur zum Nuckeln zu benutzen. Man kann nun Interaktionen der Welpen untereinander beobachten, sei es, dass sie sich gegenseitig belecken oder beknabbern oder auch schon ein Wackeln mit dem Schwänzchen oder eine erste Spielaufforderung zeigen. Sie erkunden jetzt – wenn sie die Möglichkeit dazu haben – mehr und mehr ihre Umgebung.

Mit vier Wochen erkennen die jungen Hunde ihre Bezugsperson. Bei genauem Beobachten fallen auch die unterschiedlichen Charaktere der einzelnen Welpen auf. Manche sind träger als andere. Manche sind immer vorne dabei, wenn es etwas Neues zu erkunden gibt. In dieser Zeit beginnt das Lernen die Welpen zu formen. Da jeder Welpe – wenn man genau hinsieht – unterschiedliche Dinge erlebt, werden sie sich auch alle unterschiedlich entwickeln.

Mit fünf Wochen sind sie in der Lage, trockenes Futter zu kauen. Manche werden schon ab der vierten Woche zugefüttert, um sie schneller entwöhnen zu können. Obwohl ich das nicht für sehr sinnvoll halte, ist ein frühes Zufüttern manchmal notwendig, um die Mutterhündin zu entlasten. Ab der fünften Woche kann man die Welpen ruhig füttern, bzw. sie werden auch von sich aus Mamas Futter probieren. Die Welpen gehen immer geschickter mit Spielsachen um. Sie lernen, Probleme zu lösen. Außerdem werden in dieser Zeit die Spiele untereinander immer wilder.

Man beobachtet, dass die Welpen jetzt immer besser sehen. Während sie früher noch einfach über Kanten kullerten, weil sie sie wohl noch nicht wahrnehmen konnten, erkennen sie sie jetzt und meistern Hindernisse sehr bewusst.

Mit sechs bis sieben Wochen werden die rauen Spiele der Welpen untereinander irgendwie geordneter. Es gibt schon gewisse Spielregeln. Sie zeigen auch immer deutlicher Angst in unbekannten Situationen. Allerdings überwiegt meist noch die Neugier und nach kurzem Zögern überwinden sie sich doch und trauen sich, sich der Situation zu stellen. Das Gehirn ist nun wie bei einem erwachsenen Hund entwickelt.

Mit acht Wochen werden die meisten Welpen an ihr neues Zuhause abgegeben. Die Sozialisationszeit ist dann noch nicht vorbei. Allerdings können und sollten die Welpen in diesem Alter schon genauso lernen wie ein erwachsener Hund.

**Wichtig**

*Regeln, die später einmal gelten sollen, müssen jetzt eingeführt und auch eingehalten werden. Ein Hund, der z. B. nicht aufs Sofa darf, sollte das schon als kleiner Welpe nicht dürfen. Ein Hund, der nicht an der Leine ziehen soll, sollte das auch als kleiner Welpe nicht machen usw.*

In der 3. Woche können die Welpen, trotz der geöffneten Augen, noch keine Kanten erkennen.

**Das gemeinsame Spiel ist für die Welpen von entscheidender Bedeutung.** 1

**Hierdurch lernen sie, immer feinere Signale einzusetzen und üben somit ihr Ausdrucksverhalten.** 2

**Auch die Beißhemmung wird im Spiel geübt.** 3

## Der Welpe lernt, dass er ein Hund ist

In der Sozialisationsphase lernt der Welpe, dass er ein Hund ist. So selbstverständlich, wie man vielleicht im ersten Augenblick denken würde, ist das gar nicht, was auch durch entsprechende Versuche deutlich wurde. So wurden z. B. Chihuahua-Welpen zusammen mit kleinen Kätzchen aufgezogen. Ein in einem Katzenwurf aufgewachsener Welpe reagierte nicht auf sein Spiegelbild. Er bevorzugte die Gesellschaft von Katzen und hatte Angst vor Hunden. Ganz offensichtlich wusste er also nicht, dass er ein Hund war. Als er dann im Alter von 16 Wochen mit anderen Hunden zusammenkam, lernte er innerhalb von zwei Wochen das richtige Verhalten. Hierfür waren allerdings Spiele der Welpen untereinander sehr wichtig, die teilweise von den Wissenschaftlern initiiert werden mussten.

Solch extreme Bedingungen sind natürlich oft nur im Versuch gegeben. Aber weniger extreme Bedingungen sind auch im normalen Welpenleben durchaus keine Seltenheit. Oft werden die Welpen aus unterschiedlichen Gründen schon sehr früh von der Mutter getrennt. Beim Züchter sind die Wurfgeschwister da. Werden die Welpen dann abgegeben, ist jeder Hundekontakt in der Regel für eine ganze Weile vorbei, und das gerade in diesem ganz entscheidenden Zeitraum! Das hat für das spätere Verhalten des Hundes viele negative Auswirkungen (siehe Kasten).

## Entwicklungsabläufe während der Sozialisationsphase

Der Welpe lernt also in dieser Zeit, dass er ein Hund ist, und somit die „Hundesprache". Diese ist bei jungen Hunden genauso wenig angeboren wie bei kleinen Kindern. Im Spiel mit den Geschwistern und der Mutter lernen die Welpen immer besser, Signale der anderen zu deuten und selbst Signale gezielt und immer feiner einzusetzen. Als ein wesentlicher Bestandteil dieser Hundesprache lernen die jungen Hunde auch, ihre Zähne mit Bedacht einzusetzen. Jetzt werden die Grundlagen für die so wichtige Beißhemmung gelegt. Beißt ein Welpe zu fest, kann es entweder passieren, dass er zurückgebissen wird, was weh tun kann, oder das eben noch schöne Spiel hört plötzlich auf. Beides ist sehr unangenehm. Der Welpe wird also bald lernen, solche Folgen zu vermeiden, indem eben nicht mehr ganz so fest gebissen wird. In dieser Zeit werden wahrscheinlich auch die Grundlagen für sexuelles Verhalten gelegt. Schon ab dem Alter von drei Wochen kann man Welpen beim Aufreiten beobachten. Es könnte sein, dass dieses Verhalten für eine sexuelle Prägung wichtig ist. Dabei lernt der Hund, dass Hunde seine sexuellen Partner sind und nicht etwa Kissen, Staubsauger oder Menschen.

## SOZIALISATION MIT HUNDEN – CHANCEN UND RISIKEN

| Chancen | Risiken |
|---|---|
| Der Hund lernt möglichst schon viele verschiedene „Dialekte" der Hundesprache, was zu einer besseren Verständigung mit anderen Hunden führt. | Der Welpe lernt die Hundesprache nicht oder nur unzureichend, weil er zu wenig Kontakt mit anderen Hunden hat. Das führt später zu Missverständnissen mit anderen Hunden, weil er sie nicht versteht und sie ihn nicht verstehen. Es entstehen leicht Aggressionen. |
| Es werden die Grundlagen für eine gute Beißhemmung gelegt. | Die Beißhemmung ist schlecht, wenn der Welpe nicht genügend Möglichkeiten zum Training hatte. |
| Der Hund lernt eventuell schon, wer später sein Sexualpartner sein wird. | Der Hund wählt sich den Menschen oder andere Objekte als Sexualpartner. |
| | Die Bindung zum Menschen ist übertrieben, was zu Trennungsproblemen führen kann. |
| | Die übertriebene Bindung zum Menschen kann auch zu Aggressionen anderen Menschen gegenüber führen, wenn der Hund „seinen" Menschen in Gefahr sieht. |

### Wichtig

*Ein Welpe, der zu früh abgegeben wird und keinen Kontakt mehr zu anderen Hunden hat, kann die Hundesprache nicht ausreichend lernen, was oft zu Aggressionen mit anderen Hunden führt. Ihm fehlen die Grundlagen für eine gute Beißhemmung.*

**Welchen genauen Sinn das erste Aufreiten hat, ist noch nicht geklärt. Wahrscheinlich hat es aber keine sexuelle Motivation.**

Die Welpen sollten schon beim Züchter Kinder unterschiedlicher Altersstufen kennen lernen.

## Sozialisation mit Menschen

Das wichtigste Lebewesen, mit dem der Hund sozialisiert werden muss, ist der Mensch. Ab einem Alter von drei Wochen, wenn die Welpen beginnen, ihre Umgebung wahrzunehmen, nähern sie sich auch den Menschen. Sie sind zunächst von Natur aus neugierig. Diese Neugierde steigt stetig bis ca. zur fünften Woche und fällt dann allmählich wieder ab. Ab der fünften Woche entwickeln die Welpen Angst vor Unbekanntem. Etwa in der siebten Woche halten sich Neugierde und Angst die Waage, danach überwiegt die Angst. Ab ca. der 14. Woche scheint eine Sozialisation mit einer anderen Art, also auch mit dem Menschen, nicht mehr möglich zu sein. Für einen Hund, der bis zu diesem Alter ohne menschlichen Kontakt aufwächst, werden Menschen immer fremde Wesen bleiben, auf die er entweder mit Angst oder Aggression reagiert.

Wieder gilt, dass solche extremen Verhältnisse nur im Versuch gegeben sind. Aber in Abstufungen kommt auch diese Isolation vom Menschen, sei es auch nur vor bestimmten Menschen, relativ häufig vor.

**Fallbeispiel** Eine allein stehende ältere Dame züchtet Hunde. Außer ihren Hunden hat sie wenig Gesellschaft. Die Welpen lernen dadurch kaum andere Menschen kennen. Eine junge Frau bekommt einen dieser Welpen. Ihr Mann ist die Woche über weg und nur am Wochenende zu Hause. Beim Impfen hat der Hund die Tierarzthelferin und die Tierärztin kennen gelernt, aber sonst in der ersten Zeit noch niemanden. Ein solcher Hund wird später mit großer Wahrscheinlichkeit eine ausgeprägte Angst vor Männern und auch vor Kindern haben. Oft heißt es dann: „Der hat bestimmt mal eine schlechte Erfahrung gemacht." Meist liegt aber der Grund für seine Ängstlichkeit darin, dass er eben *keine* Erfahrung gemacht hat, er also nicht mit Männern oder Kindern sozialisiert wurde.

Bei der Sozialisation mit anderen Arten können die Hunde nur schwer verallgemeinern. Es reicht also nicht, dass ein Hund drei Menschen kennen lernt, damit er mit dem Menschen sozialisiert ist. Der Hund muss wirklich alle möglichen unterschiedlichen Menschen kennen lernen, z. B. Frauen aller Altersstufen, Männer aller Altersstufen, Männer mit Bart/ohne Bart, Kinder vom Baby bis zum Teenager, Menschen mit Brille/ohne Brille, mit Hut/ohne Hut, mit Stock, mit Schirm, mit Mantel, mit Rock, mit Hose, mit Uniform (z. B. Briefträger, Polizist usw.), im Rollstuhl, geistig Behinderte, Menschen auf Skateboards, auf Fahrrädern, Menschen anderer Hautfarbe usw. Ein guter Züchter zeichnet sich dadurch aus, dass er diese Liste schon weitestgehend einmal durchgearbeitet hat, die Welpen also eine Vielzahl an unterschiedlichen Menschen getroffen haben. Darauf kann sich der zukünftige Welpenbesitzer zwar nicht ausruhen, es wurde aber bereits ein guter Grundstock gelegt, denn die kostbaren ersten Wochen mit dem Welpen verfliegen viel zu schnell!

### Wichtig

*Die Sozialisation mit anderen Arten erfordert eine ständige Auffrischung. Wenn auch in der Sozialisationszeit viel Wert auf alle möglichen menschlichen Bekanntschaften gelegt wird, so reicht das nicht fürs ganze Leben, sondern muss immer wieder erneuert werden. Allerdings bewirkt eine gute Sozialisation, dass eine Auffrischung mit viel weniger Aufwand möglich ist.*

## Sozialisation mit anderen Tierarten

Die Sozialisation mit anderen Arten sollte sich aber nicht auf den Menschen beschränken. Auch andere Tierarten sollten die jungen Hunde kennen lernen. Einerseits wird hierdurch gewährleistet, dass sie später keine Angst vor ihnen haben, andererseits lernen sie, dass zum Rudel gehörende Tiere nicht gejagt werden. Der Nachteil ist hier auch wieder, dass Hunde nur schlecht verallgemeinern. Wenn eine Katze zum Rudel gehört, gilt das noch lange nicht für alle anderen. Der Welpe sollte also viele Katzen, Kaninchen oder Sonstiges kennen lernen. Ein solcher Aufwand ist oft die Mühe wert. Optimal ist auch hier wieder, wenn die Welpen schon beim Züchter Kontakt zu unterschiedlichen Tierarten hatten, vielleicht sogar mit unterschiedlichen Tierarten zusammen wohnten.

In diesen besonders sensiblen Wochen prägen sich natürlich auch negative Erlebnisse besonders gravierend ein. Sowohl der Züchter als auch der spätere Besitzer des Welpen sollte also dafür sorgen, dass der Kleine keine sehr schlechten Erlebnisse mit anderen Tierarten und besonders mit Menschen hat. Vor allem auf Kinder muss man in diesem Zusammenhang sehr aufpassen, darf aber auch Erwachsene nicht außer Acht lassen. Negative Erlebnisse haben gerade jetzt einen viel stärkeren Einfluss als später im Leben. Deshalb muss man als Mensch mit einem Welpen sehr wachsam sein.

### SOZIALISATION MIT ANDEREN ARTEN – CHANCEN UND RISIKEN

| Chancen | Risiken |
|---|---|
| Der Welpe lernt alle möglichen unterschiedlichen Menschen kennen und mögen. Er ist Menschen gegenüber freundlich und vertrauensvoll. | Der Hund lernt nicht genug unterschiedliche Menschen kennen. Später hat er Angst vor bestimmten Menschen. Das äußert sich darin, dass er entweder wegläuft oder aggressiv wird. |
| Der Hund kennt viele andere Tiere und ist freundlich zu ihnen. | Der Hund hat Angst vor bestimmten Tierarten, weil er sie in dieser Zeit nicht ausreichend kennen gelernt hat. Er läuft also weg oder ist aggressiv. |
| Dem Jagdverhalten kann dadurch vorgebeugt werden. | Negative Erfahrungen mit Menschen und Tieren prägen sich in dieser sensiblen Zeit besonders tief ein. |

1 Optimal ist, wenn der Welpe schon beim Züchter Pferde, ...

2 ... Kühe, ...

3 ... und Hühner kennen lernen konnte.

**Bewegliches Kinderspielzeug ist für Welpen eine spannende Herausforderung.**

## Entdeckung der Umwelt

In der Sozialisationsphase lernt der Hund auch, was in seiner Umgebung normal ist, was also dazugehört und was nicht. In unserer Welt ist es sehr wichtig, dass die jungen Hunde so viel wie möglich als normal kennen lernen. Alles, was nicht normal für sie ist, wird ihnen später einmal Angst einjagen. Sehen Sie sich einmal um, was in unserer Umwelt so alles vorkommt: Bäume, Sträucher, Wiesen, Felder, Bäche, Seen, Straßen, Häuser, Schilder, Autos, LKWs, Mülltonnen, Glascontainer, Spielplätze, Zäune, Kanaldeckel, Tische, Stühle, Sonnenschirme, Blumenkästen und vieles mehr.

Je mehr der Welpe also an visuellen Eindrücken kennen lernt, desto weniger kann ihn sozusagen erschüttern.

Der Garten eines guten Züchters sieht aus wie ein Abenteuerspielplatz, wenn man es wohlwollend ausdrückt. Manche Nachbarn würden es wohl eher als Müllhalde bezeichnen. Dort gibt es Bretter, Planen, Windmühlen, Flatterbänder, Rappelbüchsen, Bälle und vieles mehr. Schon der Züchter versucht, die Welpen so viel Eindrücke wie möglich sammeln zu lassen.

Es gibt natürlich auch eine Vielzahl an hörbaren Eindrücken. Und auch in dieser Hinsicht ist es ratsam, dem Welpen so viel wie möglich als Selbstverständlichkeit zu präsentieren. Eine kleine Hilfestellung kann hier eine Geräusch-CD sein. Die darauf befindlichen Geräusche oder andere können den Welpen schon ab der dritten Woche vorgespielt werden. Auch das wird ein guter Züchter bereits beginnen und er wird dem späteren Welpenbesitzer anraten, dies fortzuführen.

Außer den seh- und hörbaren Eindrücken gibt es auch noch die unterschiedlichen Gerüche. Hier liegen leider kaum Erkenntnisse vor, welche Auswirkungen die Präsentation der unterschiedlichsten Gerüche auf die Entwicklung des Hundes haben. Wir können nun mal nicht nachvollziehen, was der Hund riecht und was dies für ihn bedeutet. Allerdings empfehle ich auch hier, dem Welpen schon von Anfang an unterschiedliche Gerüche anzubieten. Damit meine ich jetzt aber nicht irgendwelche Aromastoffe, wie wir sie kennen. Vielleicht kann man generell sagen, dass alles, was wir so ohne weiteres riechen, für die Hunde sowieso zu stark ist, aufgrund ihrer sensiblen Riechsensoren. Aber Kleidung, die von unterschiedlichen Menschen getragen wurde, kann eine schöne Abwechslung sein und auch Decken, auf denen Katzen gelegen haben, oder Pferdedecken haben einen interessanten Geruch. Man kann den Welpen also auch in geruchlicher Hinsicht einiges bieten. Die Welpen können, sobald sie fressen, auch schon Futtersuchspiele lernen.

Taktile, – also Berührungsreize tragen auch einiges zur Entwicklung der Welpen bei und sind eine wundervolle Möglichkeit, die Kleinen an vieles im späteren Leben zu gewöhnen. Wie fühlen sich unterschiedliche Untergründe an? Das kann der kleine Hund mit den Pfoten erfühlen, aber auch mit der Schnauze. Teppich, Steinboden, Fliesen, Kies, Papier, Plastik ... es bietet sich wieder eine Vielzahl von Möglichkeiten. Sind die Untergründe hart, weich, rutschig, wackelig? Außer seinem Tastsinn kann der Welpe auf diese Art und Weise auch ständig seine Körperbeherrschung trainieren. Über ein wackeliges Brett balancieren, auf einen Karton springen, abschätzen, ob man durch eine schmale Lücke passt – es gibt für einen Welpen so viel zu erforschen.

**Hier wird der Regenschirm ausgiebig untersucht.**

## AUTOFAHREN

Schon ab einem Alter von drei Wochen kann man die Welpen ins Auto packen und auf Tour gehen. Wird so lange gefahren, bis alle eingeschlafen sind, und wird das jede Woche wiederholt, dürften später keine Probleme mehr mit dem Autofahren auftreten. Außerdem bieten solche Touren natürlich auch viele andere interessante Anreize. So kann z. B. mal ein Zwischenstopp am Kinderspielplatz eingelegt werden oder an der Pferdekoppel.

**Ein Autoausflug zusammen mit Mama: für den Züchter sehr arbeitsintensiv, für die jetzt 7 Wochen alten Welpen aber eine sehr wichtige und notwendige Erfahrung.**

### Kleinere Ausflüge im Garten

Ausflüge in den Garten oder vielleicht sogar in den Wald sind echte und dazu noch sehr lehrreiche Abenteuer. Wasser können die Welpen auch schon kennen lernen. Wenn es warm genug ist oder wenn im Haus die entsprechenden Möglichkeiten vorhanden sind, ist eine Wasserorgie eine schöne Erfahrung. Das anschließende Abrubbeln mit dem Handtuch bietet nicht nur wiederum eine interessante neue Erfahrung, es bereitet auch schon auf das spätere Pfotenabputzen nach einem nicht ganz so sauberen Spaziergang vor.

Der Welpe sollte in dieser Zeit auch ganz behutsam an nicht so tolle Erlebnisse herangeführt werden. Wie fühlt es sich z. B. an, wenn man festgehalten wird und nicht weg kann? Es kann auch ein sehr schönes Abenteuer sein, wenn man z. B. auf dem Arm seines Menschen die Welt erkunden darf. Bei dem, was es da so alles zu sehen gibt, vergisst der Kleine nur zu schnell, dass er eigentlich gefangen ist. Denn gleichzeitig bietet der haltende Arm ja auch einen sicheren Aussichtsposten. Hat man als Züchter Zeit, einen Welpen so lange auf dem Arm zu behalten, bis er eingeschlafen ist, ist das eine sehr nützliche Erfahrung für ihn.

## Aufbau des emotionalen Gleichgewichts

Wie fühlt es sich an, wenn einem einer auf den Kopf patscht oder man gegen den Strich gestreichelt wird? Menschen machen so etwas nun einmal. Lernt der Welpe dies als schönes Abenteuer kennen, hat er später keine Probleme damit. Sie können ihn auch schon mal leicht am Pelz zupfen.

Wichtig bei all diesen Abenteuern ist, dass die Welpen viel Spaß haben und auf keinen Fall erschreckt werden. Einen so vorbereiteten Welpen kann dann kaum noch etwas erschüttern.

Man könnte es so erklären, dass der Welpe in diesen wichtigen Lebenswochen sein gefühlsmäßiges Gleichgewicht aufbaut. Ähnlich wie der Körper die eigene Temperatur möglichst im Gleichgewicht hält, gilt dies in etwa für die Gefühlswelt. Um dieses Gleichgewicht

**Was man mit einem Blumentopf so alles anstellen kann! Man kann hineinkriechen, damit kullern und ihn als Hundehütte verwenden.**

Spielerisch lernen die Welpen unterschiedliche Untergründe kennen. Was jetzt so ganz nebenher geht, braucht bei einem älteren Hund, der diese Erfahrung als Welpe nicht machen durfte, einiges an Training.

zu erstellen, ist es für den Organismus sehr wichtig, zu wissen, was „normal“ im Leben ist. Alles, was unter der Rubrik „normal“ im Gehirn abgespeichert ist, wird später zu einer Art Referenzwert. Damit wird alles verglichen, was dem Hund später begegnet. Kennt er das bereits, ist alles in Ordnung. Begegnet er aber etwas, was nicht in seinem Referenzsystem enthalten ist, bedeutet das für den Organismus zunächst einmal eine potenzielle Gefahr, auf die er entsprechend reagieren muss.

Es werden Stresshormone ausgeschüttet, der Körper wird also in Alarmbereitschaft versetzt und dann wird auf diese Gefahr reagiert. Der Hund hat – vereinfacht gesagt – drei Möglichkeiten, auf eine Gefahr zu reagieren: Er kann weglaufen, erstarren oder angreifen. Wofür er sich entscheidet, hängt zum einen wiederum von seiner Genetik ab, zum anderen wird es aber ganz entscheidend in der Sozialisationsphase gelernt.

Es gibt z. B. einen Versuch, in dem Welpen einzeln in sehr kleinen Käfigen aufgezogen wurden. Sie waren in der kritischen Zeit, in der sich das Fluchtverhalten normalerweise entwickelt, eingesperrt, konnten also nicht fliehen und das Fluchtverhalten konnte sich nicht ausbilden. Ähnlich wie wir es bereits bei der Entwicklung der Sehfähigkeit gesehen haben, ist es auch mit dem Fluchtverhalten: Wenn die kritische Zeit vorbei ist, kann sich das Verhalten nicht mehr entwickeln, und die Hunde werden später, wenn sie sich bedroht fühlen, entweder erstarren oder angreifen. Fliehen im Sinne von ausweichen, um den Kampf zu vermeiden, können sie nicht. Ihr Gehirn hatte nicht die Gelegenheit, diese Möglichkeit aufzubauen.

Guckt mal! Hier gibt es etwas Neues zu entdecken!

1

2

3

4

## Abenteuer Natur

**Ein gemeinsamer Ausflug mit dem gesamten Wurf ins Grüne ist natürlich auch ein schönes Abenteuer, besonders wenn es dort solch große Herausforderungen gibt. Die Wurfgeschwister geben die nötige Sicherheit, und die Mutproben werden schnell bestanden.**

## Wichtige Anreize für die Entwicklung

Wie wichtig der Aufbau des emotionalen Gleichgewichtes für die Hunde ist, möchte ich noch an anderen Beispielen deutlich machen.

In einem Versuch wurden Hunde die ersten Lebensmonate in einer Umgebung gehalten, die sehr wenig Anreize für die Sinnesentwicklung bot. Im Vergleich zu Hunden, die in normaler Umgebung aufwuchsen, verhielten sie sich regelrecht hyperaktiv. Sie lernten viel schlechter. Wenn sie sehr aufgeregt waren, hatten sie eine deutliche Tendenz zu stereotypem Verhalten – das sind sich zwanghaft wiederholende Verhaltensweisen, wie z. B. im Kreis drehen, lecken usw. Eine mögliche Erklärung dafür ist, dass bestimmte Teile des Gehirns, die für die Hemmung zuständig sind, sich nicht entwickeln konnten. Dadurch kommt es zur Hyperaktivität. Eine ähnliche Erklärung gab es auch schon für die wahrscheinlich stärkere Schmerzempfindung bei neugeborenen Welpen im Hinblick auf das Kupieren, weil eben auch hier das Gehirn noch nicht so weit entwickelt ist, dass die Hemmung funktioniert. Sie sehen, wie entscheidend die Gehirnentwicklung für jegliches Verhalten ist!

Sehr wichtig für die Entwicklung des emotionalen Gleichgewichtes scheint auch die Loslösung von der Mutter zu sein. Normalerweise zieht die Umwelt die Aufmerksamkeit der Welpen immer mehr von der Mutter weg. Welpen, die in abwechslungsarmer Umgebung aufwachsen, neigen zu einer übermäßigen Bindung an die Mutter bzw. die spätere Bezugsperson. Das kann zu Trennungsängsten und allen damit zusammenhängenden Problemen führen, wie z. B. ständiges Bellen, Zerstörung von Möbeln usw.

Welpen sind also eigentlich sehr anpassungsfähig. Sie können lernen, in jeder menschlichen Umgebung zu leben. Allerdings ist es dafür notwendig, dass sie die Umgebung, in der sie einmal leben sollen, schon spätestens im dritten Lebensmonat kennen lernen. Eher als einen Welpen aus einer idyllisch eintönigen Umgebung würde ich also einen empfehlen, der aus einem „Chaoshaushalt" kommt, mit z. B. fünf Kindern, drei Katzen, noch zwei anderen Hunden, einer Menge Besuch, aus einem Haus, das nahe einer

**Für einen echten Goldi ist natürlich auch das Durchqueren von Wasser kein Problem.**

vielbefahrenen Straße und in der Flughafeneinflugschneise liegt und in unmittelbarer Nachbarschaft eine Großbaustelle hat. Wenn der neue Besitzer entsprechend darauf aufbaut, dürfte er sich einen Hund heranziehen, der durch nichts mehr zu erschüttern ist.

### GEWÖHNEN AN DIE UMWELT – CHANCEN UND RISIKEN

| Chancen | Risiken |
|---|---|
| Der Hund kann ein großes Referenzsystem entwickeln, und alles, was sich darin befindet, wird er als normal einordnen. | Dinge, die er nicht in seinem Referenzsystem finden wird, werden ihm Angst einflößen, woraufhin er mit Flucht, Angriff oder Erstarren reagieren kann. |
| Der Welpe ist sehr anpassungsfähig und kann sich an (fast) jede Umgebung gewöhnen. | Mangelhafte Stimulation durch die Umwelt kann zu Hyperaktivität und Stereotypien führen. |
| | Mangelhafte Stimulation durch die Umwelt kann zu einer übermäßigen Bindung an die Bezugsperson führen, was die Entwicklung von Trennungsängsten und aufmerksamkeitsheischendem Verhalten begünstigen kann. |

**Anfangs ist ein Halsband ganz schön lästig, aber schon bald wird sich der kleine Appenzeller daran gewöhnt haben.**

## Lernen zu lernen

Auf der vorherigen Seite wurde bereits der Versuch erwähnt, bei dem Welpen isoliert aufgezogen wurden, wobei sich herausstellte, dass sie viel schlechter lernten als die Welpen der Vergleichsgruppe, die unter normalen Bedingungen aufwuchsen. So scheint also auch zum Lernen eine kritische Phase in diesen ersten 12 bis 16 Lebenswochen vorhanden zu sein.

Welpen, die in den ersten Lebenswochen viele unterschiedliche Umweltreize kennen lernen, werden auch im Lernen ausgebildet. Sie lernen, wie unterschiedlich Dinge schmecken, angefangen von der Milch bis hin zum Fell der Geschwister und unterschiedlichen Spielsachen usw. Sie lernen auch, wie diese unterschiedlichen Dinge sich anfühlen, sowohl wenn man sie zerkaut, als auch wenn man sie mit den Pfoten berührt. Sie lernen verschiedene Gerüche kennen, wobei wahrscheinlich auch dadurch schon das Gedächtnis trainiert wird. Sie lernen unterschiedliche Geräusche kennen, angefangen von den Stimmen bis hin zu allen möglichen Umweltgeräuschen. Mit Quietschespielzeugen können sie selbst Töne produzieren, natürlich auch mit ihren eigenen Stimmbändern oder aufgehängten Glöckchen, was gern erprobt wird. Die Welpen lernen, wie bestimmte Sachen aussehen, unterschiedliche Farben, bewegte Gegenstände wie z. B. Bänder, die im Wind hängen, usw. Durch Klettern und Balancieren lernen sie immer besser mit ihrem Körper umzugehen. Anhand dieser Erfahrungen wird also auch schon das Lernen trainiert. Ein so geförderter Welpe wird später im Leben besser mit neuen Situationen fertig werden. Er hat nämlich viele Erfahrungen gemacht und gelernt, mit neuen Situationen umzugehen, kann sie meistern und so sein Selbstvertrauen stärken. Der Züchter kann das Lernen unterstützen, indem er den Welpen Möglichkeiten zu vielen kleinen Abenteuern bietet, wie schon in den vorangegangenen Abschnitten beschrieben ist. Der Welpe sollte das Halsband kennen lernen, die Transportbox, das Handtuch zum Abtrocknen usw.

## HERANKOMMEN

Ein Kommando, das schon der Züchter den Welpen beibringen sollte, ist „Komm". Damit gibt er den zukünftigen Welpenbesitzern eine gute Hilfe an die Hand. Immer wenn er die Welpen füttert, kann er z. B. pfeifen oder auch ein bestimmtes Wort sagen. Die Welpen werden das schnell verknüpfen und schon bald aus allen Ecken angerannt kommen, sobald sie das Signal hören.
Wichtig dabei ist, dass der Züchter den neuen Besitzern den Umgang mit „Komm" erklärt, damit sie es sich nicht wieder kaputtmachen (siehe S. 102).

Diese Golden-Retriever-Welpen beherrschen in der 7. Woche das „Komm"-Kommando schon sehr gut. Alle kommen schnell zur Züchterin gelaufen, wenn sie es hören.

## Welpenquiz

**Zu welcher Rasse gehören diese Welpen?**

**Auflösung**

1 Lagotto Romagnolo
2 Briard
3 Deutsch Drahthaar
4 Appenzeller Sennenhund
5 Yorkshire Terrier
6 Golden Retriever

## Clickertraining

Es ist immer wieder erstaunlich, wie gut schon kleine Welpen lernen können, wenn sie selbst das Tempo bestimmen und motiviert sind, ein bestimmtes Ziel zu erreichen. Genau das sind ja die Prinzipien des Clickertrainings. Der Hund muss allein herausfinden, was belohnt wird. Er darf Fehler machen, die dann zu nichts führen, jedoch auch nicht bestraft werden. Schon der Züchter könnte mit den Welpen und dem Clicker arbeiten. Meist wird er das nicht tun, weil er sowieso schon alle Hände voll zu tun hat. Allerdings ist das eine sehr schöne Erfahrung. Es geht dabei weniger darum, dass der Welpe schon früh etwas lernen soll, sondern dass der Mensch lernt, vor den klugen kleinen Vierbeinern, die wir oft viel zu sehr unterschätzen, Respekt zu haben (Clickertraining, siehe Literatur S. 152). Welpen, die schon früh über den Clicker das Lernen lernen, sei es beim Züchter oder später beim neuen Besitzer, sind einfach andere Hunde. Sie sind neugierig, experimentierfreudig und einfach faszinierende Persönlichkeiten. Oft provoziere ich etwas, indem ich die Menschen davor warne, sie müssten aufpassen, dass die Hunde nicht schlauer werden als sie selbst. Ich habe in der Tat häufig den Eindruck, dass die meisten Menschen lieber irgendwelche „Hundetrottel" haben wollen, die nur herumliegen und eben keine Fehler machen. Warum nur tut es dann nicht auch ein Stoffhund?

**Mit Clicker und Belohnung kann man den Welpen alles beibringen. Es ist erstaunlich, wie schnell sie lernen.**

## Die Sache mit der Stubenreinheit

Wir haben schon gelernt, dass die Ausscheidung in den ersten zwei bis drei Wochen reflexartig erfolgt. Dieser Reflex wird durch das Lecken der Mutterhündin ausgelöst. Erst ab ca. der dritten Lebenswoche ist der Welpe in der Lage, spontan auszuscheiden. Schnell wird er dazu auch sein Wurflager verlassen.

Während der nächsten Wochen entwickelt der Welpe eine Vorliebe für einen bestimmten Untergrund. In der Literatur findet man unterschiedliche Angaben über den genauen Zeitpunkt: Mal ist die Rede von der vierten, mal von der achten und mal von bis zur 15. Woche. Mag sein, dass es hier auch individuelle oder rassespezifische Unterschiede gibt. In der Praxis habe ich unterschiedliche Fälle erlebt: In einem Fall lebten die Welpen die ersten acht Wochen auf Beton. Sie hatten ein Strohnest, aber ansonsten eben nur Betonuntergrund. Ein so aufgewachsener Welpe wollte in seiner neuen Umgebung nur noch auf hartem Boden sein Geschäft verrichten, d.h., sein Besitzer konnte noch so lange mit ihm draußen sein, sobald er wieder ins Haus kam, erleichterte er seine Blase. Ein anderer Welpe aus Zwingerhaltung kam erst mit zehn Wochen zu seinem neuen Besitzer und wurde dort anfangs immer nur raus in den Garten gelassen. Er entwickelte eine Vorliebe für den Garten, sodass die Besitzer später mit dem älteren Hund stundenlang spazieren gehen konnten, er aber erst zu Hause im Garten sein Geschäft erledigte.

**Wichtig**

*Kann man die Zeit auch nicht ganz exakt für alle Hunde gültig angeben, so steht doch fest, dass Welpen Vorlieben bei der Wahl des Ortes für ihre Ausscheidungen entwickeln. Das passiert irgendwann in den ersten vier Lebensmonaten. Dadurch haben wir die Chance, dieses Verhalten ganz nach unseren Wünschen zu formen.*

Ein Deutsch-Drahthaar-Welpe beim Spiel mit dem Pansen, den seine Mutter ihm überlassen hat.

## Grundlagen richtig nutzen

Wir haben uns jetzt angesehen, was in der wichtigen Zeit bis zur ca. 14./16. Lebenswoche des Welpen alles passiert. Durch die Auf- und Umbauprozesse, die in dieser Zeit im Gehirn stattfinden, ist das eine Phase, die einem sehr viele Chancen bietet, den Welpen optimal an ein Leben in unserer Welt vorzubereiten.

Leider ist es aber auch die Phase, in der die Ursachen für die meisten Verhaltensprobleme entstehen, weil eben viel zu viel versäumt wird. Jeder Züchter sollte sich der Wichtigkeit dieser Zeit bewusst sein. Er sollte den neuen Welpenbesitzern sehr ans Herz legen, seine schon begonnene Arbeit zum Wohle des Welpen fortzuführen.

Es ist leider immer noch so, dass die meisten jungen Hunde aufgrund von Verhaltensproblemen eingeschläfert werden. Mich machen solche Fälle immer traurig und auch wütend. Würden die Züchter bei der Wahl der Elterntiere mehr auf das Verhalten als auf das Aussehen achten, würden sie die zukünftigen Hundebesitzer außerdem bezüglich der Rasse ehrlich beraten und würden die ersten Lebenswochen der Welpen optimal gestaltet werden, könnten viele traurige Schicksale verhindert werden.

## Wie geht es weiter?

Wenn auch dieses Buch nur von den ersten 14 bis 16 Lebenswochen handeln soll, so möchte ich doch einige Sätze zu dem, was danach kommt, sagen.

Viele, die ihren Welpen mit sehr viel Mühe aufziehen, die ersten Wochen sehr ernst nehmen und dem Kleinen auch schon einiges beigebracht haben, sind später enttäuscht. Es scheint auf einmal gar nichts mehr zu klappen. Der Hund, der anfangs schon so toll gefolgt hat, hört auf einmal gar nicht mehr. War etwa alles vergebens?

Nein, das war es nicht. Es ist für viele junge Hunde ganz normal, dass sie nicht mehr so folgen, wenn sie in die Pubertät kommen. In dieser Zeit überschwemmen die Geschlechtshormone das Gehirn und bringen dort so einiges durcheinander. Das geht aber vorbei.

Setzen Sie in dieser Zeit das Training aus. Gönnen Sie sich und dem Hund Urlaub. Nehmen Sie ihn in dieser Zeit an die lange Leine und verlangen Sie nur das Notwendigste von ihm.

Wichtig ist, dass Sie all das bis dahin Aufgebaute nicht wieder kaputtmachen, indem Sie z. B. die Kommandos öfter als einmal geben oder dem Hund erlauben, sich dumme Sachen anzugewöhnen. Diese Zeit geht vorbei, seien Sie sicher!

So um den achten Lebensmonat gibt es eine zweite sensible Phase, in der die Hunde deutlich ängstlicher werden. In dieser Zeit sollten Sie wieder extrem vorsichtig mit schlechten Erfahrungen sein und den jungen Hund – soweit es geht – davor schützen.

Lassen Sie ihn viele nette Erfahrungen machen. Spätestens wenn er seine soziale Reife erlangt hat, was meist noch deutlich nach der Geschlechtsreife der Fall ist, können Sie die Früchte Ihrer Arbeit ernten.

**Wichtig**

*Der Hund lernt ein Leben lang. Der Unterricht hört also eigentlich nie auf und sollte immer wieder aufgefrischt werden. Lernen Sie vor allen Dingen, gutes Verhalten nie als selbstverständlich anzusehen.*

# Ein Welpe kommt ins Haus

## Welche Rasse passt zu mir?

Bevor man sich überhaupt einen Hund kauft, ist die entscheidende Frage, welche Rasse passt zu mir? Das ist leider auch die Frage, in der wir Verhaltenstherapeuten am wenigsten gefragt werden. Denn hier werden häufig die falschen Entscheidungen getroffen, durch die spätere Verhaltensprobleme fast vorprogrammiert sind.

Bevor man sich für eine bestimmte Rasse entscheidet, sollte man sich ausführlich über ihr Verhalten informieren. Wozu wurden diese Hunde gezüchtet? Was liegt ihnen im Blut? Darüber sollte man sich früh genug ein sehr klares Bild machen, denn damit muss man später leben. Wer seinen Hund nur nach dem Aussehen aussucht, wird später eventuell böse Überraschungen erleben. Repräsentativ werde ich hier einige Rassen erwähnen. Wenn man sich Gedanken macht, was die frühere Aufgabe der Hunde war, wird man auch besser zwischen den Zeilen von manchen Rassebeschreibungen lesen können, weil dort die Eigenschaften der Hunde meist nur positiv ausgedrückt werden. Informieren Sie sich in Rassebüchern, auf Ausstellungen, bei Züchtern, aber auch bei Leuten, die mit vielen Hunden zu tun haben, wie Tierärzte, Hundetrainer usw.

### Verschiedene Hundetypen im Überblick

#### Border Collie

Der Border Collie ist ein Arbeitshund. Sieht man sich den Arbeitstag an, für den er ursprünglich gezüchtet wurde, dann wird klar, dass dieser Hund zehn Stunden am Tag arbeiten kann. „Er kennt keinen Müßiggang", ist in der Rassebeschreibung zu lesen. Und das muss man eben durchaus ernst nehmen. Es ist die Hardware, mit der ein Border Collie ausgestattet ist. Hat man genügend Zeit, diesen Hund sinnvoll zu beschäftigen, kann man sich sicher auch daran erfreuen, wie schnell er lernt. Es ist faszinierend, mit solchen Hunden zu arbeiten. Hat man diese Zeit aber nicht, wird es Probleme geben. Erst neulich erhielt ich einen Anruf von der Besitzerin eines halbjährigen Borders, der ihr die Möbel durch die Wohnung rückte. Border Collies lernen schnell, aber wenn das nicht in die richtigen Bahnen gelenkt wird, lernen sie eben auch ganz schnell das Falsche.

Wer sich für einen Border Collie oder einen anderen Hutehund entscheidet, muss dazu bereit sein, diesen Workaholics auch genügend Arbeit zu bieten.

Ähnliches gilt im Prinzip für alle Hütehunde. Sie sind Arbeitshunde, die nicht in einen Haushalt passen, in dem sich jemand gerade mal zwei Stunden am Tag mit dem Hund beschäftigt. Das reicht für solche Hunde nicht aus. Sie werden sich folglich selbst beschäftigen und eben solche Sachen wie Möbel rücken, Radfahrer oder gar Autos hüten als Arbeit aussuchen. Und glauben Sie mir: Diese Arbeiten werden sie – wie es für solche Rassen typisch ist – auch sehr engagiert und ausdauernd betreiben!

Terrier sind sehr eigenständige Jagdhunde. Darüber darf man sich auch von einem noch so niedlichen Aussehen nicht hinwegtäuschen lassen.

Auch Herdenschutzhunde sind zur eigenständigen Arbeit gezüchtet, wodurch die Ausbildung etwas für Könner ist.

### Jack Russel Terrier

Jack Russel Terrier sind Jagdhunde. Sie sind dazu gezüchtet, Ratten und Mäuse, aber auch Fuchs oder Schwarzwild zu jagen. Ein schöner Satz, von dem ich leider nicht mehr weiß, wer ihn gesagt hat, lautet: „Terrier sind große Hunde in kleiner Verpackung." Das beschreibt die Rasse sehr treffend. Jack Russel Terrier oder allgemein Terrier sind eben nicht nur die süßen kleinen Hunde, für die sie oft gehalten werden. Sie sind es gewohnt, selbstständig zu arbeiten, was mit anderen Worten heißt, dass sie nicht so leicht zu erziehen sind. Ein Terrier im dunklen Fuchsbau beißt zu und sieht erst nach, was da war, wenn es sich nicht mehr bewegt. Das ist seine Hardware, wodurch er als Jagdhund so sehr geschätzt wurde. Und damit muss man umzugehen wissen. Leider wird diese Tatsache aber zu wenig beachtet, wenn die Leute sich nur nach dem Aussehen für einen Hund entscheiden.

### Kangal

Der Kangal steht hier als Beispiel für einen Herdenschutzhund. Das sind Hunde, die dazu gezüchtet wurden, in einer Schafherde zu leben und die Tiere vor Raubwild oder Viehdieben zu bewachen. Oft sind diese Hunde groß und hell, die Welpen sehen wie kleine Bärchen aus und jeder meint, so einen Hund müsse man einfach haben. Aber auch hier gilt es einiges zu beachten. Herdenschutzhunde arbeiten selbstständig. Sie brauchen niemanden, der ihnen sagt: „Pass auf, da kommt ein Feind!" Das machen sie von ganz alleine. Ob sie nun Schafe oder die Kinder der Familie bewachen, liegt daran, wie sie aufwachsen – aber sie bewachen. Mit den eigenen Kindern sind sie dann sehr umgänglich, doch Besuch darf keiner kommen. Ihre Selbstständigkeit bedeutet auch, dass sie bei weitem nicht so leicht zu erziehen sind wie Hunde, die dazu gezüchtet wurden, mit dem Menschen zu arbeiten. Herdenschutzhunde gehören also wirklich nur in Hände, die wissen, wie man damit umgeht.

### Windhund

Auch Windhunde sind Jagdhunde, so genannte Sichtjäger. Sie orientieren sich also in erster Linie mit den Augen und nicht mit der Nase, wie viele andere Jagdhunde. In seinem Ursprungsland wurde der Windhund von der Leine gelassen, sobald er eine Beute entdeckt hatte, und durfte jagen. Das ist in unserer heutigen Gesellschaft nicht möglich. Diese Hunde haben es jedoch im Blut. Wer also davon träumt, mit seinem Hund gemütlich auf der Terrasse zu sitzen und in der Dämmerung den Rehen am Waldrand zuzuschauen, der darf sich keinen Windhund anschaffen.

Haben Sie sich nun anhand von kritisch gelesenen Rassebeschreibungen für eine Rasse entschieden, deren Vertreter Ihnen dann natürlich auch noch im Aussehen gefallen sollten, dann sehen Sie sich diese Hunde auch auf einer Hundeausstellung an. Sind sie ruhig oder alle durch die Bank am Kläffen, sind sie friedlich oder wird Aggression gar gefördert, weil die Hunde sich dann besonders gut präsentieren? Reden Sie mit Züchtern und machen Sie sich ein möglichst genaues Bild von den Hunden. Fragen Sie nach dem Arbeitsaufwand, der durch die Fellpflege oder das Training bedingt ist. Fragen Sie auch nach Krankheiten, die in der Rasse vorkommen.

Bei Mischlingen ist das spätere Aussehen meist eine Überraschung. Beim Verhalten kann man sich – sofern bekannt – aber auch bei den beteiligten Rassen informieren.

Natürlich gibt es immer Ausnahmen. Es gibt Border Collies, die nicht hüten, Kangals, die nicht ihr Territorium bewachen, und Jack Russel Terrier, die ausnahmslos zu allen Lebewesen lieb und freundlich sind. Aber darauf sollte man nicht spekulieren.

Einem Jagdhund liegt das Jagen im Blut, einem Apportierhund das Apportieren. Damit muss man leben können, bzw. man muss sich frühzeitig um entsprechend sinnvolle Alternativen für den Hund bemühen. So kann ein Jagdhund sein Futter im Spielzeug erjagen, ein Stöberhund Leckerchen im Gebüsch aufstöbern, usw.

**Windhunde sind zum Laufen geboren. Es erfordert einen sehr guten Gehorsam, also viel Training und Geduld, will man sie auch mal von der Leine lassen.**

## Der richtige Züchter

Ich kann gar nicht oft genug raten, sich einen Welpen wohlüberlegt und mit Verstand auszusuchen! Die bisherigen Ausführungen haben deutlich gemacht, wie wichtig die ersten Lebensmonate sind. Unsere Welt ist viel zu künstlich und auch viel zu hundefeindlich, als dass man der Natur in Sachen Welpenaufzucht ihren Lauf lassen könnte. Solche vermeintlich idyllisch aufgewachsenen Welpen werden kaum normal leben können, weil sie ständig im Stress sind oder weil sie gar ernste Verhaltensprobleme entwickeln.

Es lohnt sich daher, nach einem guten Züchter Ausschau zu halten, auch wenn man dann noch etwas länger auf seinen Welpen warten muss. Nicht immer sind es die Topzüchter, die auf den Ausstellungen die ersten Plätze machen. Und nicht jeder – vielleicht durch einen „Unfall" bedingt – zufällige Züchter ist unseriös. Auch der Preis des Hundes sagt nicht unbedingt etwas über die Qualität des Züchters aus.

**Diese Golden Retriever wachsen bei einem vorbildlichen Züchter auf: Sie haben bis zum letzten Tag ihre Mama, machen mit dem ganzen Wurf Ausflüge und lernen schon alles Erdenkliche kennen**

### Kennzeichen eines guten Züchters

Vieles, was einen guten Züchter auszeichnet, ergibt sich schon aus dem im ersten Kapitel Gesagten. Ich werde es, weil ich es für sehr wichtig halte, hier noch einmal zusammenfassen:

- Ein guter Züchter sucht sich Elterntiere aus, die vom Wesen her vorbildlich sind. Sie sollten weder ängstlich sein, noch zu Aggression neigen. Außerdem kennt er die rassetypischen Krankheiten und versucht, sie durch die geeignete Wahl der Elterntiere möglichst zu vermeiden. Ein Hund kann noch so schön sein – wenn er Probleme mit den Hüften hat, wird mit ihm nicht gezüchtet.
- Schon das tragende Muttertier wird bestmöglich versorgt, indem

es nicht übermäßigem Stress ausgesetzt wird, aber auch nicht in Watte gepackt wird. Die Welpen werden schon durch den Bauch gestreichelt.

- Bei der Geburt wird beobachtet, aber, solange keine Notsituation eintritt, nicht eingegriffen. Die Welpen werden nicht zu sehr verwöhnt, sondern dürfen sich die Zitzen allein suchen und auch die Erfahrung von kalt und warm machen.
- Die Welpen werden optimal in ihrer Entwicklung gefördert, einmal durch eine entsprechende Einrichtung der Kinderstube, aber auch durch einen täglichen fachkundigen Umgang. In Sachen Sozialisation leistet der Züchter einen entscheidenden Beitrag, indem er die Welpen schon mit anderen Hunden, anderen Tierarten und vor allem mit den unterschiedlichsten Menschen bekannt macht.
- Ein guter Züchter sucht sich auch die angehenden Welpenbesitzer kritisch aus und verscherbelt seine Welpen nicht einfach. Die zukünftigen Welpenbesitzer können und sollen ihren Welpen, so

## Wichtig

*Bevor Sie sich irgendwelche Welpen ansehen, sollten Sie sich die Elterntiere genau anschauen. Gefallen sie Ihnen? Könnten Sie sich vorstellen, damit die nächsten fünfzehn Jahre zusammenzuleben? Wenn nicht, sehen Sie sich die Welpen lieber erst gar nicht an. Beim Anblick der süßen Kleinen setzt der Verstand nämlich meistens aus. Leider bleiben sie aber nur noch kurze Zeit so niedlich.*

oft es geht, besuchen. Der Züchter fördert das Lernverhalten der Welpen, bringt ihnen auch schon z. B. das Autofahren, das Halsbandtragen und ein Komm-Kommando bei. Außerdem steht er den neuen Besitzern immer mit Rat und Tat zur Seite, falls Fragen auftauchen.

- Ein sehr gutes Kriterium, ob Sie an einen verantwortungsvollen Züchter geraten sind, ist auch seine Einstellung zum Verbleib der Welpen. Gute Züchter hängen an ihren Tieren. Sie möchten wissen, was aus ihnen wird. Im Notfall würden sie lieber einen Hund zurücknehmen als zuzulassen, dass ihn eine fragwürdige Zukunft erwartet.

## Aufzucht bei Hundehändlern

Dummerweise sprechen kleine Welpen in uns Gefühle an, die es fast unmöglich machen, ihnen zu widerstehen. Davon profitieren die Leute, die sich über den Verkauf von Welpen eine goldene Nase verdienen wollen.

Ich möchte hier kurz beschreiben, wie es in so genannten Welpenfabriken zugeht. Da leben in irgendwelchen Hinterhöfen viele bedauernswerte Hündinnen in kleinen Käfigen und müssen einen Wurf nach dem anderen produzieren. Auf einem Quadratmeter wird die Hündin mit ihren Welpen gehalten, die nie aus diesem Loch herauskommen. Sie schlafen in ihrem Kot, spielen teilweise damit, weil sie keine anderen Spielsachen haben. Die arme Hündin bleibt ständig mit den Welpen zusammen. Sie hat keine Möglichkeit, sich mal zurückzuziehen. Sind die Welpen alt genug, kommen Sie an einen Platz, wo sie potenziellen Käufern gezeigt werden. In sehr sauberen gekachelten Boxen werden sie präsentiert. Meist kann man zwischen verschiedenen Rassen wählen und auch aus unterschiedlichen Altersstufen. Der Welpenverkäufer stellt keine Fragen an die künftigen Besitzer. Er fragt auch nicht, ob es denn richtig überlegt wurde, wenn eine 75-jährige Dame sich einen Neufundländerwelpen zulegen will. Er ist froh um jeden Welpen, den er verkaufen kann.

Lassen Sie sich nicht von den herzerweichenden Blicken eines Welpen aus schlechter Aufzucht beeinflussen. Sie unterstützen sonst nur die Machenschaften skrupelloser Hundevermehrer.

Das Dumme ist nur, dass leider auch sehr kritische Leute, die die Problematik einer solchen Aufzucht durchschauen, nicht widerstehen können und doch einen Welpen „retten". Damit sorgen sie aber für weitere Qualen der Muttertiere. Denn solange die Welpen verkauft werden, müssen sie weiterproduzieren, bis sie dann eines Tages zusammenbrechen.

Die „geretteten" Welpen sind meist krank. Durch die Krankheit können sie auch beim neuen Besitzer nicht vernünftig sozialisiert werden. Probleme sind vorprogrammiert. Oft ist das Ergebnis ein ängstlicher, scheuer, ständig gestresster Hund, der häufig sogar gefährlich sein kann. Viele vorher so wohlmeinende Hundebesitzer sind dann doch überfordert. Der junge Hund landet im Tierheim.

### WAS ZEICHNET EINEN GUTEN ZÜCHTER AUS?

Er sorgt dafür, dass Sie sich die richtige Rasse auswählen, mit der Sie auch später noch froh sind. Ein guter Züchter wird Ihnen helfen, dass Sie sich ein möglichst genaues Bild von Ihrem zukünftigen Hund machen. Er wird Ihnen unter Umständen auch von seiner Rasse abraten, wenn er das Gefühl hat, dass ein solcher Hund nicht zu Ihnen passt. Ein guter Züchter hilft auch, aus dem Wurf den am besten zu Ihnen passenden Welpen zu finden. So sind dann für eine lebenslange ungetrübte Freude mit dem Hund die besten Voraussetzungen gegeben.

Vielleicht macht er dann noch eine Odyssee von einem Besitzer zum anderen mit, bevor er endlich eingeschläfert wird. Viele Schicksale enden so traurig, weil wir Menschen den süßen kleinen Welpen nicht widerstehen können und skrupellose Welpenvermehrer immer Käufer finden und weiter produzieren. Bitte helfen Sie mit, solche Leute nicht zu unterstützen! Erstatten Sie Anzeige, wenn Sie von solchen Zuständen erfahren! Lassen Sie sich auch nicht von den – meist erfundenen – herzerweichenden Geschichten, die diese Menschen oft beherrschen, zum Kauf verleiten.

## Welche Kosten fallen an?

Die Anschaffungskosten sind die geringsten Ausgaben, die ein Hund verursacht, selbst wenn Sie sich für einen teuren Rassehund entscheiden. Ich habe bereits beschrieben, dass es sich durchaus lohnt, sich für einen „teuren" Welpen von einem guten Züchter zu entscheiden und nicht für ein Sonderangebot mit entsprechend schlechten Aufzuchtbedingungen. Die Tatsache, dass ein Welpe Papiere hat, sagt übrigens nichts über seine Qualität aus. Es ist für entsprechend unseriöse Züchter ein Leichtes, Papiere für die Welpen zu besorgen. Auf der anderen Seite gibt es auch viele Mischlinge, die keine Papiere, aber das Zeug zu wirklich tollen lebenslangen Begleitern haben.

- Futter und Tierarztrechnungen machen einen Großteil der Kosten aus. Dabei sind sie umso höher, je größer der Hund ist. Große Hunde fressen mehr und brauchen in den meisten Fällen auch entsprechend ihrer Größe mehr an Wurmkuren oder im Krankheitsfalle an Medikamenten.
- Als Nächstes ist die Ausbildung zu finanzieren, wenn Sie professionelle Hilfe dafür in Anspruch nehmen. Allerdings kann das auch wieder eine Menge Kosten ersparen. Eine zerstörte Couchgarnitur, was man bei entsprechender Hilfe hätte vermeiden können, kann z. B. ebenfalls ganz schön zu Buche schlagen.
- Wollen Sie den Hund nicht mit in den Urlaub nehmen, müssen Sie bedenken, dass auch Hundepensionen eine ganze Menge kosten.
- Bereits für den Welpen sollte sofort eine Haftpflichtversicherung abgeschlossen werden. Diese kostet wenig im Vergleich zu den Kosten, die z. B. auf einen zukommen können, wenn der junge Hund einen Unfall verursacht.

Alles in allem kommen also einige Kosten auf den zukünftigen Hundebesitzer zu. Der Kampfhundewahnsinn und die leeren Kassen der Gemeinden haben bei uns in den letzten Jahren z. B. dazu geführt, dass bestimmte Hunderassen als Kampfhunde extrem hoch besteuert werden. Dabei können die Gemeinden ganz wahllos entscheiden, welche Rassen sie dazu zählen und welche nicht. Es lohnt sich also, sich im Vorfeld in dieser Hinsicht zu informieren.

### RÜCKLAGEN FÜR NOTFÄLLE

Sie sollten immer einen Betrag für den Notfall zurückgelegt haben. Schnell kann der Hund z. B. unter ein Auto kommen und eine lebensrettende Operation notwendig werden, die ganz schön ins Geld gehen kann.
Oder das Tier hat eine Krankheit, die – vielleicht sogar lebenslang – mit teuren Medikamenten therapiert werden muss. So etwas kann einem als Hundehalter immer passieren.

## ZÜCHTERCHECKLISTE

**Bevor Sie sich endgültig für einen Welpen entscheiden, nehmen Sie sich bitte Zeit, die Züchtercheckliste durchzugehen. Bitte kreuzen Sie in jedem Block die für Ihren Züchter zutreffende Beschreibung an. Zählen Sie dann alle Punkte zusammen. Die Züchterbeurteilung finden Sie am Ende dieser Liste.**

### Die Unterbringung der Hunde

- Die Welpenmutter lebt mit dem Wurf zusammen in der Wohnung des Züchters. ②
- Die Welpenmutter lebt mit dem Wurf nicht mit im Haus, hat aber sehr häufig Kontakt zur Familie. ①
- Die Welpenmutter lebt mit dem Wurf die meiste Zeit allein in einer Box, einem Zwinger oder ähnlicher Unterbringung. ⓪

### Die Welpenmutter

- begrüßt Sie freundlich und aufgeschlossen, zeigt kein Zeichen von Ängstlichkeit oder Aggression. ③
- zeigt nur Aggression, wenn Sie sich den Welpen nähern / ist etwas vorsichtig, fasst aber schnell Vertrauen. ②
- ist „nur" bestimmten Menschen gegenüber aggressiv oder ängstlich. ①
- ist die überwiegende Zeit ängstlich oder aggressiv, wenn Sie sich ihr nähern. ⓪

---

- hat bis zur 8. Lebenswoche ununterbrochen Zugang zu den Welpen, kann sich aber auch zurückziehen. ③
- wurde aus vernünftigem Grund schon nach der 6. Woche von den Welpen getrennt, kommt aber mehrmals täglich mit ihnen zusammen. ②
- wurde noch früher von den Welpen getrennt. ①
- ist gar nicht anwesend. ⓪

### Der Welpenvater

- ist anwesend, Sie können ihn selbst kennen lernen. ③
- Sie bekommen ausführliche Informationen über sein Verhalten, Aussehen usw., außerdem die Adresse, wo Sie ihn sich ansehen können. ②
- Sie bekommen nur vage Infos, aber die Adresse, damit Sie ihn sehen können. ①
- Sie bekommen keinerlei Infos über den Vater. ⓪

---

- ist von seinem Wesen freundlich und aufgeschlossen, zeigt keinerlei Zeichen von Aggression oder Ängstlichkeit. ③
- ist in einzelnen bestimmten Situationen leicht aggressiv oder ängstlich. ①
- zeigt deutliche Zeichen von Aggression oder Angst. ⓪

### Der Welpe

- ist gesund und munter. ②
- hat eine leichtere Erkrankung oder Parasitenbefall, wird aber schon behandelt. ①
- ist deutlich sichtbar krank oder vernachlässigt. ⓪

---

- ist schon Halsband oder Brustgeschirr gewohnt. ②
- hatte Halsband oder Brustgeschirr schon mal wenigstens kurz an. ①
- hatte noch keinen Kontakt mit Halsband oder Brustgeschirr. ⓪

---

- ist beim Züchter schon mehrmals zusammen mit der Mutter Auto gefahren. ②
- ist wenigstens schon zweimal im Auto gefahren. ①
- kennt kein Autofahren. ⓪

- ist im Ansatz stubenrein. ②
- hat die Möglichkeit, auf einem auch für später geeigneten Untergrund, sein Geschäft zu verrichten. ①
- muss sein Geschäft auf demselben Untergrund verrichten, wo er auch schläft, frisst oder spielt. ⓪

- kennt ein – wie auch immer geartetes – Rückrufsignal, das er auch befolgt. ②
- kennt kein Rückrufsignal. ⓪

**Der Züchter**

- beantwortet alle Ihre Fragen geduldig, stellt auch selbst einige Fragen und zeigt Interesse an dem zukünftigen Zuhause seines Welpen. ②
- beantwortet alle Ihre Fragen, stellt selbst aber kaum Fragen. ①
- stellt keinerlei Fragen – ihm scheint es egal zu sein, wo der Welpe hinkommt. ⓪

- kennt seine „Pappenheimer", kann Ihnen also über das Verhalten der einzelnen Welpen berichten und Sie in der Wahl des richtigen Welpen beraten. ②
- scheint die Welpen kaum zu kennen und kann Ihnen nicht bei der Wahl des für Sie geeigneten Welpen helfen. ⓪

- möchte Sie möglichst schon vor der Geburt der Welpen kennen lernen und lädt Sie ein, die Welpen in den ersten Wochen mehrmals zu besuchen. ②
- ermöglicht es Ihnen wenigstens einmal, die Welpen vor der Abgabe zu besuchen. ①
- sucht erst neue Besitzer, wenn die Welpen schon acht Wochen alt sind, sodass Sie keine Gelegenheit haben, den oder die Kleine vorher zu sehen. ⓪

- kümmert sich rund um die Uhr um die Welpen und versucht, ihre Aufzucht optimal zu gestalten, sie schon weitestgehend zu sozialisieren und ihnen viele unterschiedliche Erfahrungen zu bieten. ②
- kümmert sich zwar nicht rund um die Uhr um die Welpen, sorgt aber doch schon dafür, dass sie im Anfang sozialisiert werden und unterschiedliche Umwelterfahrungen machen können. ①
- kümmert sich außer der unmittelbaren Versorgung nicht um die Welpen. ⓪

**Ergebnis**

- Von 25 bis 32 Punkte
  Sie sind hier an einen Züchter geraten, der sich in Sachen Welpenaufzucht wirklich Mühe gibt. Damit verschafft er den Welpen einen optimalen Start ins Leben. Wenn Sie entsprechend darauf aufbauen, sollte einer guten Partnerschaft mit Ihrem neuen Hund nichts im Wege stehen.

- Von 16 bis 24 Punkte
  Es bestehen schon erhebliche Mängel in der frühen Aufzucht der Welpen. Sie müssen sich fragen, ob Sie genügend Erfahrung haben, diese auszugleichen. Die Wahrscheinlichkeit, dass es später mit dem Hund mal Probleme gibt, ist deutlich erhöht.

- Von 0 bis 15 Punkte
  Von diesem Welpen sollten Sie die Finger lassen! Entweder hat der Züchter keine Ahnung von einer guten Welpenaufzucht oder nicht die Zeit dafür, was ihn beides als Züchter ungeeignet macht. Solche Leute sollten Sie nicht unterstützen.

## Im neuen Zuhause

Den Anfang für eine optimale Entwicklung des jungen Hundes hat der verantwortungsvolle Züchter gelegt. Aber das allein reicht nicht aus. Nun ist der Welpenbesitzer gefordert, diese Arbeit fortzusetzen oder gar erst zu beginnen, falls der Hund aus einer schlechten Aufzucht stammt.

Wenn man davon ausgeht, dass die Sozialisationszeit ungefähr bis zur 16. Lebenswoche anhält und der Welpe im Alter von acht Wochen ins Haus kommt, bleiben nur noch acht Wochen. Kommt er später, ist die Zeit entsprechend kürzer.

Vom Gesetz her darf ein Welpe erst mit acht Wochen abgegeben werden. Man kann gar nicht so pauschal sagen, welches das beste Alter zum Abgeben ist. Lernt der Welpe schon beim Züchter viele verschiedene Menschen, andere Hunde, andere Tiere, verschiedene Orte usw. kennen, hat es sehr viele Vorteile, wenn er noch eine Weile bei Mutter und Geschwistern bleibt.

Das ist aber bedauerlicherweise selten der Fall. Meist erleben die Welpen leider viel zu wenig. Oft werden sie aus diversen Gründen

**Auch im neuen Zuhause sollte der Welpe von Anfang an Kontakt zu verschiedenen netten Hunden haben.**

sogar schon mit ungefähr fünf Wochen von der Mutter getrennt. Dadurch werden viele wichtige Lernerfahrungen, wie z. B. die Erziehung durch die Mutterhündin, versäumt. Ist die Aufzucht beim Züchter nicht optimal, ist es besser, der Welpe kommt so früh wie möglich in sein neues Zuhause. Dann ist natürlich ganz wichtig, dass die Welpen so bald wie möglich – spätestens nach zwei bis drei Tagen – Kontakt zu anderen Hunden bekommen. Damit sollte in keinem Fall gewartet werden, bis der Welpe durchgeimpft ist. Bis dahin ist nämlich die so wichtige Zeit für die Sozialisation vorbei. Die Wahrscheinlichkeit, dass der Welpe sich eine ansteckende Krankheit holt, wenn die Impfung noch nicht ganz abgeschlossen ist, ist geringer als die der Entwicklung von Verhaltensproblemen, wenn man diese Zeit ungenutzt verstreichen lässt.

Hat man schon beim Züchter Gelegenheit, sich mit seinem Welpen anzufreunden, ist das eine gute Grundlage, auf der man später aufbauen kann.

## Vorbereitung auf den Welpen

Ein verantwortungsvoller Züchter wird Sie eingeladen haben, den Welpen schon in seinen ersten Lebenswochen zu besuchen. Vielleicht haben Sie ihm dabei auch schon etwas dagelassen, was nach Ihnen riecht. Sie sind dem Welpen also kein Fremder mehr.

Gute Züchter werden mit Ihnen auch besprochen haben, welche Ausstattung Sie für den Welpen brauchen.

### WELPENAUSSTATTUNG

- ☐ passendes Halsband und/oder Geschirr
- ☐ Leine
- ☐ Transportbox
- ☐ 2 Näpfe (einen für Futter, einen für Wasser)
- ☐ 2–3 Liegedecken (auf leichte Reinigung achten)
- ☐ Babybürste
- ☐ mehrere zu füllende Kauspielzeuge, wie z. B. Kongs
- ☐ Spielzeug
- ☐ Handtücher
- ☐ Zimmerzwinger

**Achten Sie sich und Ihrem Hundebaby zuliebe auf eine welpensichere Wohnung!**

## Welpensichere Wohnung

Nun gilt es, das zukünftige Zuhause des Welpen „welpensicher" zu machen. So dürfen z. B. keine Kabel herumliegen. Welpen neigen nun mal dazu, alles Mögliche anzuknabbern. Im Falle eines Stromkabels kann so etwas logischerweise gefährlich, wenn nicht gar tödlich sein.

Auch sollten keine giftigen Pflanzen in Reichweite sein. Normalerweise wird ein Hund solche Pflanzen meiden. Bei Welpen kann es im Zuge ihres Neugierverhaltens aber schon mal vorkommen, dass sie bestimmte Pflanzen mit der Schnauze untersuchen. Es kann auch sein, dass das Zahnen dazu verleitet, auf irgendetwas herumzukauen. Wenn dann nichts Geeignetes zur Verfügung steht, sucht sich der Welpe vielleicht eine Pflanze aus. Und das kann ihm unter Umständen schlecht bekommen, wenn nicht sogar tödlich sein. Bei manchen Pflanzen ist sogar durchgelaufenes Gießwasser giftig. In der Tabelle finden Sie eine Auswahl an giftigen Pflanzen. Dabei handelt es sich hauptsächlich um Zimmerpflanzen oder solche, die gern für Gestecke oder Sträuße ins Haus genommen werden. Die Liste erhebt allerdings keinen Anspruch auf Vollständigkeit.

Stellen Sie giftige Pflanzen so, dass der Welpe nicht drankommt, bzw. lassen Sie ihn nie ohne Aufsicht allein. Das gilt auch für den Aufenthalt im Garten.

Genau wie man manche Sachen für kleine Kinder unzugänglich aufbewahren soll, gilt das auch für Welpen. Chemikalien wie Pflanzenschutzmittel, Düngemittel, Insektizide oder auch Putzmittel können sehr giftig für Welpen sein. Dasselbe gilt natürlich für Medikamente. Bedenken Sie auch, dass Welpen schnell etwas aufnehmen, was heruntergefallen ist, falls Sie selbst Medikamente einnehmen müssen. Seien Sie da also äußerst vorsichtig. Frostschutzmittel sind sehr giftig und obendrein noch sehr schmackhaft. Auch manche für uns harmlosen Sachen können für Welpen sehr giftig sein, z. B. gehören Schokolade, Kakao oder auch rohe Zwiebeln dazu.

Lassen Sie möglichst nichts herumstehen, was Ihnen besonders lieb und teuer ist. Es gibt Welpen, die knabbern nämlich alles an. Vorbeugen ist da oft das Allerbeste.

Sehr vorsichtig sollten Sie auch mit vielen Kauspielzeugen sein und den Welpen nicht ohne Aufsicht damit spielen lassen. Es könnten sich nämlich leicht kleine Teile mit scharfen Kanten lösen und beim Verschlucken gefährlich werden.

Die Wohnung oder zumindest einige Zimmer sind also welpensicher, die Welpenerstausstattung ist besorgt und Sie haben mit dem Züchter besprochen, welches Futter die Welpen zurzeit noch bekommen. Das können Sie entweder beibehalten oder auch wechseln. Allerdings sollte dieser Futterwechsel nicht unbedingt mit dem

## GIFTIGE PFLANZEN

| | |
|---|---|
| Aloe | Gummibaum |
| Alpenveilchen | Kaladie, Buntwurz, Buntblatt |
| Azalee Begonie | Klivie, Riemenblatt |
| Belladonna-Lilie | Kolbenfaden |
| Christusdorn | Korallenbäumchen |
| Dieffenbachie, Giftaron | Märzenbecher |
| Efeu, Wintergrün | Maiglöckchen |
| Efeutute, Buntes Herzblatt | Mistel |
| Eibe | Oleander |
| Einblatt | Osterglocke |
| Flamingoblume | Tulpe |
| Flämmendes Käthchen | Weihnachtsstern |
| Geranien | |

Umzug in das neue Zuhause zusammenfallen und wenn, dann schrittweise durchgeführt werden. Deshalb benötigen Sie anfangs das Futter, das die Welpen schon beim Züchter bekommen. Alles ist vorbereitet – der Familienzuwachs kann kommen!

## Abholen beim Züchter

Optimal ist es, wenn der Welpe das Autofahren – am besten in einer Transportbox – schon kennt. Nehmen Sie sich eine Begleitung zum Abholen des Welpen mit, damit Sie einen Fahrer haben. Die Transportbox stellen Sie dann auf den Rücksitz und Sie setzen sich daneben. Dann hat der Hund jemand Vertrautes bei sich und wird ein tolles Abenteuer erwarten.

Kommt der Welpe aus nicht optimalen Verhältnissen, ist es meist das Beste, wenn Sie ihn auf dem Schoß halten. Mit einer gut saugenden Unterlage beugen Sie einem Malheur vor.

Kommt Ihr Welpe von weither, sodass Sie ihn mit dem Flugzeug abholen, dann sollten Sie sich früh genug bei der Fluggesellschaft erkundigen, welche Voraussetzungen erfüllt sein müssen, um den

**Ein letzter Blick in die Kinderstube. Bald geht es in ein neues Zuhause.**

Kleinen bei sich haben zu können. Es gibt Fluggesellschaften, da muss der Hund zwar in eine kleine Transportbox, darf dann aber in der Personenkabine bei Ihnen sein. In diesem Fall sollte der Züchter den Hund unbedingt schon an die Box gewöhnt haben.

Auf jeden Fall sollte der Welpe kurz vor der Abfahrt nicht mehr gefüttert werden, da sonst die Gefahr besteht, dass er sich erbricht. Außerdem ist es sehr sinnvoll, vorher ausgiebig mit ihm zu spielen, damit er auf der Fahrt müde ist und schläft. Es kann auch sinnvoll sein, sich beim Tierarzt eine Reisetablette zu besorgen, damit es dem Kleinen von der Fahrt nicht schlecht wird, falls er das Autofahren noch nicht kennt. Daraus könnte sich nämlich eine ausgesprochene Abneigung gegen spätere Autofahrten entwickeln.

Sollte der Welpe während der Fahrt weinen, beachten Sie ihn bitte nicht. Das klingt zwar jetzt herzlos. Damit würden Sie aber sein Verhalten belohnen und er würde wahrscheinlich auch bei der nächsten Fahrt weinen. Besser ist, Sie versuchen sich zu entspannen und Ruhe auszustrahlen, was sich der Hund als Beispiel nehmen kann.

Im für den Welpen neuen Zuhause angekommen, sollten Sie ihm als Erstes den Platz zeigen, an dem er seine Geschäfte verrichten kann. Der Welpe wird am schnellsten stubenrein, wenn Sie ihn alle paar Stunden dorthin bringen, zumindest aber nach jedem Schlafen, nach jedem Fressen und nach jedem Spielen oder dann, wenn er herumschnüffelt und anfängt sich im Kreis zu drehen (siehe S. 64).

**Im neuen Zuhause sollte der Welpe als erstes den Platz kennen lernen, an dem er sein Geschäft verrichten kann.**

## Wo soll der Welpe schlafen?

Machen Sie sich darüber schon früh genug Gedanken: So ein kleines Wollknäuel nimmt man ja vielleicht noch gern mit ins Bett. Wollen Sie aber, dass z. B. ein 50 Kilogramm schwerer Neufundländer Ihnen kaum noch Platz in Ihrem Bett lässt? Wenn nicht, dann lassen Sie den Kleinen von Anfang an nicht mit ins Bett. Es ist nämlich viel schwerer, eine lieb gewonnene Gewohnheit aufzugeben als auf eine Bequemlichkeit zu verzichten, die man gar nicht als solche kennt. Seien Sie dem Welpen gegenüber also bitte fair. Er kann auch sehr gut lernen, neben Ihrem Bett zu schlafen. Am besten richten Sie ihm sein Bettchen in einer Hundebox. Das hat gleich mehrere Vorteile: Erstens lieben Welpen solche Höhlen. Vielleicht hat Ihrer eine solche Box schon beim Züchter kennen gelernt. Legen Sie ihm eine Decke mit hinein, die der Züchter Ihnen mitgegeben hat und die nach seinen Geschwistern riecht. Er wird kaum merken, dass er die erste Nacht an einem neuen Ort verbringt.

Eine solche Box ist auch die beste Lösung, einen Welpen bald stubenrein zu bekommen. Sein Nest wird er normalerweise nicht verunreinigen. Sie merken schnell, wenn er unruhig wird, und können ihn dann hinausbringen. Wenn Sie ihn spätabends noch einmal hinauslassen und morgens beizeiten Ihren Wecker stellen, kann es durchaus sein, dass er schon durchschläft.

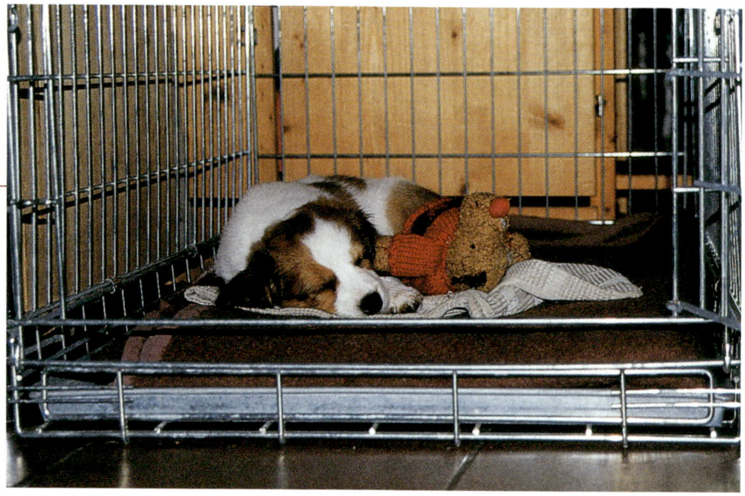

**Der Welpe fühlt sich in seiner Box sehr wohl. Dort findet er Ruhe und Geborgenheit.**

Soll der Welpe später nicht im Schlafzimmer schlafen, ist es manchmal das Beste, ihn gleich an seinen Platz zu gewöhnen. Das heißt aber nicht, dass er dort von Anfang an allein schlafen soll. Oft wird zwar auch heute noch empfohlen, den kleinen Hund an seinem späteren Platz einzusperren und sein Jaulen und Weinen zu ignorieren, denn das werde schon aufhören. Wenn es nicht beachtet wird, was den meisten Menschen verständlicherweise sehr schwer fällt, wird ein solches Jammern in der Tat aufhören. Es gibt aber nicht wenige Hunde, die aus einer solchen Situation heraus ein Angstproblem entwickeln. Und das muss nicht sein. Welpen sind nun einmal Rudeltiere. Sie brauchen Gesellschaft. Die ist für sie wirklich lebensnotwendig. Natürlich müssen sie auch lernen, allein zu bleiben, aber nicht in den ersten Nächten im neuen Zuhause.

Stellen Sie also ein Feldbett neben dem Welpen auf und schlafen Sie die erste Woche bei ihm. In den nächsten Wochen rücken Sie das Bett schrittweise von der Welpenbox weg, bis Sie schon in der anderen Ecke des Zimmers schlafen können, ohne dass der Kleine Angst bekommt. Nun schlafen Sie noch einige Nächte vor der Zimmertür und dann kann der Welpe auch allein bleiben. Wie lange diese Zeit dauert, ist allerdings schwer vorherzusagen. Es gibt Welpen, da geht dieses Gewöhnen ans Alleinschlafen relativ schnell, und es gibt Welpen, die tun sich darin sehr viel schwerer. Mit einem solch langsamen Vorgehen gelingt es aber viel eher, den Welpen zu einem sicheren und selbstbewussten Wesen heranwachsen zu lassen, als wenn Sie ihn jammern lassen, bis er vor Erschöpfung aufgibt.

Geben Sie dem Welpen zwei bis drei Tage Zeit, sich an sein neues Zuhause zu gewöhnen. Am besten lassen Sie ihn jeden Tag ein neues Zimmer erkunden.

## Tierische Mitbewohner

Jetzt kann es ja auch sein, dass schon ein älterer Hund oder eine Katze oder ein anderes Tier im Haus leben. Hat der Welpe so nach und nach die ganze Wohnung kennen gelernt, ist es an der Zeit, den Mitbewohnern vorgestellt zu werden. Hatten die anderen Tiere bis dahin noch keinen Kontakt zum Welpen, so konnten sie sich bereits durch den Geruch, den sie ja ohne weiteres wahrnehmen, an seine Anwesenheit gewöhnen. Es lohnt sich, die erste Begegnung etwas vorzubereiten, um später ein harmonisches Zusammenleben zu ermöglichen.

### Weitere Hunde in der Familie

Planen Sie die erste Begegnung der Hunde auf neutralem Gebiet. Bitten Sie eine Hilfsperson, den älteren Hund dahin zu bringen, während Sie den Welpen nehmen, oder auch umgekehrt. Sollten Sie hinsichtlich der Sozialverträglichkeit Ihres älteren Hundes Bedenken haben, ist es vielleicht angebracht, schon vor der Ankunft des Welpen ein Maulkorbtraining durchzuführen und dann die erste Begegnung mit Maulkorb durchzuführen. Ansonsten empfiehlt es sich meistens, den Dingen ihren Lauf zu lassen. Greifen Sie nicht unnötig ein, wenn der Ältere den Jungen direkt in seine Schranken weist.

Nachher im Haus passen Sie bitte auf, dass Sie dem älteren Hund seine Privilegien lassen. Das ist etwas schwierig für uns Menschen, weil wir automatisch dem Welpen mehr Aufmerksamkeit schenken. Das sollte jedoch nicht sein.

Sehr oft erlebe ich, dass die schon im Haus wohnenden Hunde den Kleinen ohne Probleme aufnehmen, sich sogar alles von ihm gefallen lassen. Das sollte ebenfalls nicht sein. Sorgen Sie dann bitte,

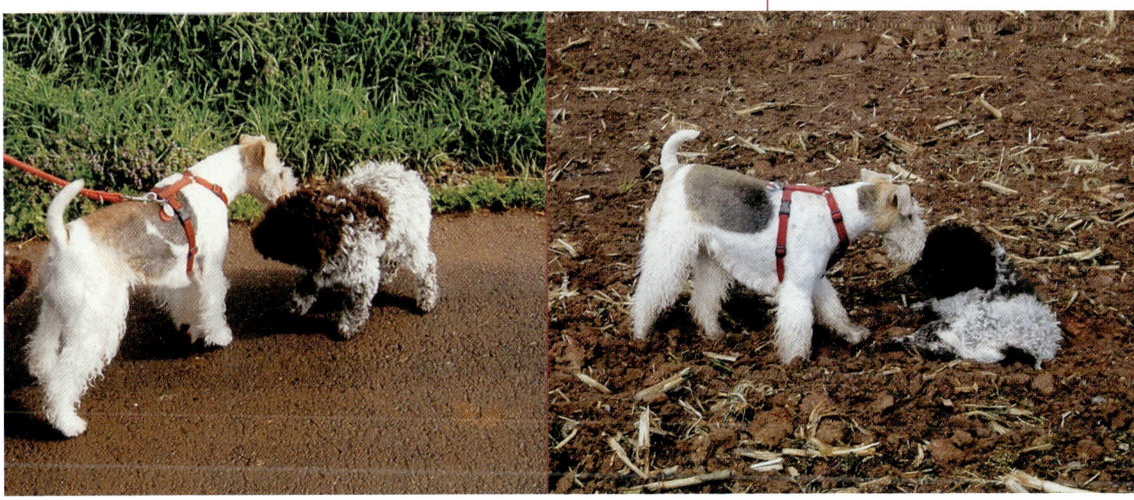

**Vorsichtige Annäherung des Welpen an den bereits in der Familie lebenden erwachsenen Hund.**

soweit es geht, dafür, dass der Welpe nicht zu frech wird, indem Sie sein wildes Spiel unterbrechen. Das Schlimme daran ist nämlich, dass er diese Respektlosigkeit später auch auf andere Hunde übertragen wird, was ihm unter Umständen schlecht bekommt.

## Gewöhnung an Katzen

Eine Katze sollte zunächst einmal die Gelegenheit haben, den Welpen in der Transportbox oder dem Zimmerzwinger kennen zu lernen. Dann kann sie selbst die Annäherung bestimmen. Etwas später nehmen Sie den Welpen bitte an die Leine, damit er sich der Katze nähern kann. Sie sollten von Anfang an darauf achten, dass der kleine Hund der Katze nicht nachläuft. Wenn Sie eine gut mit Hunden sozialisierte Katze haben, wird sie sich vom Welpen kaum beeindrucken lassen. Ist sie aber ängstlich, wird sie weglaufen, und der Welpe hat ein schönes Erfolgserlebnis. Das wäre nicht so gut.

Besser ist es, Sie halten den Welpen unter Kontrolle und gewöhnen die Katze langsam an den Jungspund. Sie könnten sie z. B. immer dann mit den leckersten Sachen füttern, wenn der Welpe mit im Zimmer ist. Es ist ratsam, dem Welpen für die ersten Tage eine Hausleine ans Halsband zu hängen. Das ist eine Leine ohne Schlaufe, die einfach nur nachschleift, die Sie aber bei Bedarf schnell packen können. Sorgen Sie dafür, dass die Katze einen Raum hat, in den sie sich zurückziehen kann. Das können auch höher gelegene Plätze sein, wo der Welpe nicht hinkommt.

**Ein Zusammenleben funktioniert am besten, wenn sich Welpe und Kätzchen kennen lernen. Aber man kann auch noch ältere Katzen an Welpen und umgekehrt gewöhnen.**

## Gewöhnung an Meerschweinchen, Kaninchen und Hamster

Bedenken Sie immer, dass es sich bei diesen Tieren um Beutetiere handelt! Für solche Tiere stellt ein Jäger wie der Hund eine tödliche Gefahr dar und entsprechend gestresst sind sie, sofern sie nicht sehr gut sozialisiert sind.

**Es lohnt sich, den Welpen auch mit potenziellen Beutetieren zu sozialisieren, v. a. beim Jagdhund.**

Wenn die kleinen Tierchen in Anwesenheit des Welpen nicht fressen oder sich putzen, ist das ein Zeichen dafür, dass sie sehr gestresst sind. Dann sollten Sie sie ganz langsam an den neuen Mitbewohner gewöhnen, indem z. B. immer dann gefüttert wird, wenn der Hund mit im Zimmer, jedoch in gebührender Entfernung ist.

Lassen Sie solch kleine Tiere bitte nie unbeaufsichtigt mit dem Hund allein. Oft höre ich: „Der Hund hat das Kaninchen so gern, er weicht ihm nicht von der Seite." Meist hat er es dann aber auch zum Fressen gern!

Sollten Sie schon beim Welpen starkes Jagdverhalten feststellen, z. B. weil er vor dem Kaninchen steht und gar nicht mehr ansprechbar ist oder mit aller Gewalt versucht, den Käfig zu öffnen, ist es wichtig, dass Sie von Anfang an dagegen arbeiten. Vermeiden Sie es bitte, den Welpen mit „Wo ist das Kaninchen?" noch unnötig aufzuhetzen. Belohnen Sie lieber jedes Verhalten, bei dem er das Tier ignoriert. Mit sehr viel Geduld können Sie die Tiere aneinander gewöhnen, was aber auch weiterhin heißt, dass Sie sie nie unbeaufsichtigt lassen dürfen. Besser ist es, Sie achten bei stark jagdlich motivierten Rassen darauf, dass der Welpe schon beim Züchter mit den entsprechenden Tieren sozialisiert wurde.

**Bedenken Sie bitte: Zwei Welpen machen mehr als doppelt so viel Arbeit als einer, sind also eine echte Herausforderung!**

## Der Kauf von zwei Welpen

Oft herrscht die Meinung, wenn man sich zwei Welpen aus einem Wurf hole, habe man eine Menge Vorteile. Natürlich braucht man diese dann nicht erst aneinander zu gewöhnen. Sie kennen sich schon. Es gilt jedoch einiges zu bedenken:

Zwei junge Hunde machen in der Regel mehr als doppelt so viel Arbeit wie einer! Vielleicht fragen Sie sich jetzt: Warum denn das? Sie beschäftigen sich doch so schön miteinander, dass man selbst gar nicht viel dazu tun muss. Das stimmt schon. Aber genau darin liegt auch der große Nachteil. Haben die Welpen zu viel Gelegenheit, sich miteinander zu befassen, wird ihr Mensch ihnen immer unwichtiger. Auf Seite 134 wird noch die Faustregel erklärt, dass der Hund sich zu zwei Dritteln seiner Zeit mit dem Menschen befassen soll und deutlich weniger mit anderen Hunden. Kann man das gewährleisten, wenn man sich zwei Welpen nimmt, hat es mit Sicherheit einige Vorteile, einen Spielkameraden direkt mit im Haus zu haben, aber eben nur dann. Das bedeutet, dass Sie sich die Zeit nehmen sollten, jeden Tag einzeln mit den Hunden spazieren zu gehen und auch einzeln mit ihnen in der Wohnung zu trainieren. Sie werden sich deutlich mehr anstrengen müssen, die Aufmerksamkeit des einzelnen Hundes zu bekommen, was den jeweiligen Lernerfolg natürlich verlangsamt. Sehr oft schauen sich die Kleinen gerade auch die unerwünschten Eigenarten schnell voneinander ab.

Zwei Welpen sind also nur etwas für erfahrene Leute, die viel Zeit haben und die sich auch bewusst sind, was sie unternehmen müssen, um beide Hunde zu umgänglichen Mitbewohnern zu erziehen.

**Da fällt die Auswahl wirklich schwer. Aber um zwei Welpen groß zu ziehen, benötigt man sehr viel Erfahrung und Zeit.**

## Der Zimmerzwinger

Schon öfter habe ich ihn erwähnt und er wird uns auch noch einige Male begegnen: der Zimmerzwinger. Ich halte ihn für eines der wichtigsten Erziehungshilfsmittel. Der Zimmerzwinger sollte jedoch keinesfalls ein Ort sein, an dem man den Welpen einsperrt, wenn man weder Zeit noch Lust hat, sich um ihn zu kümmern. Er ist also kein Aufbewahrungsort, wohin man den Welpen „abschieben" kann, sondern wirklich eine Erziehungshilfe.

Als Zimmerzwinger kann eine Transportbox dienen. Er kann aber auch wie ein Laufställchen für kleine Kinder aussehen. Im Handel gibt es verschiedene Angebote.

Der Zimmerzwinger sollte da stehen, wo der Welpe am Familienleben teilhaben kann. In ihm befinden sich eine Schlafecke, Spielsachen und Kaumöglichkeiten. Viele Ihrer Übungen mit dem Welpen, die ja in erster Linie für ihn Spiel sind, können Sie in diesem Zimmerzwinger durchführen. Es soll ein angenehmer Ort für den Welpen sein. Dort wird er gefüttert und dort steht auch sein Wasser.

Die ersten Schritte der Übung „Allein bleiben" (siehe S. 110) kann man mit dem Zimmerzwinger leicht durchführen. Er ist sehr sinnvoll, wenn man den Welpen mal kurzfristig nicht beaufsichtigen kann. Nehmen wir als Beispiel einen Tabubereich, wo der Welpe nicht hindarf. Das könnte ein Teppichboden sein, eine giftige Pflanze oder das Baby auf der Krabbeldecke. Jetzt klingelt das Telefon. Sie gehen hin und sind erst einmal beschäftigt. Das haben junge Hunde ganz schnell heraus. Und sie lernen außerdem ganz schnell, wie sie dennoch Aufmerksamkeit von Ihnen bekommen können, nämlich indem sie sich dem Baby auf der Krabbeldecke oder den anderen Tabubereichen nähern. Sie unterbrechen Ihr Telefonat und sind mit der Aufmerksamkeit beim Welpen. Genau das wollte der „Schlingel" bewirken und Sie belohnen ihn damit für sein Tun.

Besser ist es, er kommt in solchen Momenten, in denen er nicht beaufsichtigt werden kann, in den Zimmerzwinger. Ist ihm der Zutritt dorthin normalerweise versperrt, wird er sich freuen, dieses interessante Gebiet mal wieder zu erforschen, und Sie können in Ruhe telefonieren. Der größte Vorteil ist, dass der Welpe sich manche unerwünschten Verhaltensweisen gar nicht erst angewöhnen kann. Und auch hier gilt: Vorsorge ist besser als Heilen.

**Wichtig**

***Sperren Sie den Welpen nie zur Strafe in den Zimmerzwinger! Damit würden Sie diese wichtige Ausbildungshilfe wertlos machen.***

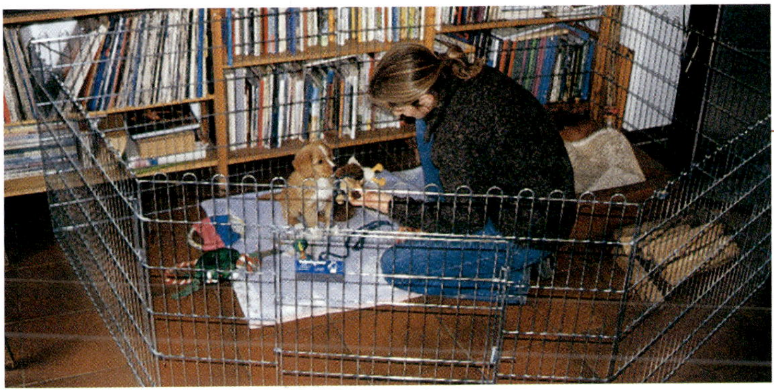

**Im Zimmerzwinger fühlt sich der Welpe wohl. Dort gibt es Futter, Kuschelplatz und schöne Spiele.**

## Erziehung zur Stubenreinheit

Eines der ersten und wichtigsten Dinge, die ein Welpe lernen muss, ist die Stubenreinheit. Eigentlich brauchen wir ihm da gar nicht so viel beizubringen. Wie wir nämlich schon auf S. 39 besprochen haben, liegt es in der Natur der Hunde, ihr Wurflager nicht zu beschmutzen. Sobald es ihnen also möglich ist, verlassen die Welpen ihre Wurfkiste, um ihr Geschäft zu erledigen. Wir haben also nichts anderes zu tun, als dem kleinen Kerl deutlich zu machen, dass die ganze Wohnung unser Wurflager ist und dass er für seine Toilettengeschichten nach draußen soll.

Nehmen Sie den Welpen anfangs nach jedem Aufwachen, nach jedem Spiel, nach jedem Füttern und immer, wenn er beginnt, sich suchend im Kreis zu drehen, und bringen ihn nach draußen. Anfangs können Sie ihn dafür auf den Arm nehmen.

Erledigt er dort sein Geschäft, wird er kräftig belohnt. Dazu eignet sich ein Leckerchen, ein schönes Spiel oder auch ein Spaziergang. Machen Sie es sich zur Gewohnheit, dass der Welpe immer zuerst sein Geschäft machen muss, bevor Sie mit ihm spazieren gehen. Das hat einerseits den Vorteil, dass sich dann die Nachbarn nicht beschweren, dass ihre Hecke, der Vorgarten oder die Hauswand als Hundeklo missbraucht werden, und andererseits hat es einen guten Lerneffekt für den Hund. Macht er nämlich schnell sein Geschäft, geht es auch schnell auf Entdeckungsreise. Oft erlebt man, dass die kleinen Hunde draußen so aufgeregt und abgelenkt sind, dass sie überhaupt nicht an ihre Toilettenbedürfnisse denken. Kommen sie wieder in die Wohnung und haben Ruhe, müssen sie dann ganz dringend. Also erst das Geschäft, dann der Spaziergang. Gehört Ihr Welpe zu den Hunden, die draußen vor lauter Entdeckungsfreude an nichts anderes mehr denken, nehmen Sie ihn an die Leine, bis er

**Macht der Welpe draußen sein Geschäft, wird er entweder mit Leckerchen, einem schönen Spiel oder einem Spaziergang ausgiebig belohnt.**

**Richtig angewandt leistet die Box große Dienste in der Erziehung zur Stubenreinheit.**

sich gelöst hat. Dauert das länger als fünf Minuten, nehmen Sie ihn wieder mit in die Wohnung und setzen ihn in seine Box. Nach kurzer Zeit versuchen Sie es noch einmal. Denken Sie daran, ihn ausgiebig zu belohnen, wenn es geklappt hat.

Sagen Sie immer in genau dem Moment, in dem der Welpe sich hinhockt, ein entsprechendes Kommando, wie z. B. „Mach schnell". Sie können ihn dann mit diesem Kommando auffordern, sich eben wirklich zu beeilen. Bitte machen Sie, vor allem in den Wintermonaten, nicht den Fehler, den Welpen allein vor die Tür zu lassen. Sie müssen sich dann nämlich nicht wundern, wenn Sie ihn wieder hereinholen und er sich in die nächste Ecke hockt. Meist sind die kleinen Hunde nicht gerne alleine draußen. Als Hundehalter sollten Sie ja sowieso wetterfest sein. Spätestens jetzt können Sie sich also daran gewöhnen, bei Wind und Wetter rauszugehen.

Vermeiden Sie es, den Welpen zu bestrafen, falls mal in der Wohnung ein Malheur passiert, selbst dann nicht, wenn Sie ihn auf frischer Tat ertappen. Nehmen Sie ihn einfach nur schnell nach draußen und belohnen ihn dort, wenn es klappt.

Welpen sind wie Babys. Sie können ihre Ausscheidung noch nicht so regulieren wie später ein erwachsener Hund. Es liegt also an Ihnen, dafür zu sorgen, dass die Wohnung sauber bleibt.

Wenn Sie den Welpen strafen, lernt er nur, dass er sich besser verzicht, damit Sie ihn nicht beobachten können. Er kann nicht verstehen, dass er für ein natürliches, nicht zu unterdrückendes Bedürfnis gestraft wird. Achten Sie also sehr gut auf Ihren Welpen, bringen Sie ihn oft genug nach draußen, lassen Sie ihn in seiner Box, wenn Sie ihn nicht beaufsichtigen können, und sobald er Blase und Darm unter Kontrolle hat, wird er sein Geschäft draußen machen.

## Welpenverhalten verstehen lernen

Ein Welpe ist kein Spielzeug. Er ist auch kein kleines Kind, das alles versteht, was Sie sagen. Ein Welpe ist ein Jungtier einer anderen Art, nämlich der der Hunde. Die Hunde haben mit den Menschen das sehr soziale Lebensgefüge gemeinsam. Vielleicht hat das bewirkt, dass beide Arten schon seit ca. 15000 Jahren zusammenleben. Allerdings bleibt ein Hund ein Hund. Unter Beachtung dieser Tatsache kann es aber dennoch zu einer ausgesprochen guten Verständigung zwischen den beiden Arten kommen. Als Menschen dürfen wir das aber nicht als gottgegeben voraussetzen, sondern sollten schon etwas dafür tun. Ich sage oft ganz provozierend, dass man annehmen sollte, dass wir die klügere der beiden Arten sind. Allerdings sieht es meist gerade andersherum aus, was neulich auch eine Fernsehsendung sehr deutlich machte, in der es darum ging, wer der eigentliche Herr im Haus ist.

Wie dem auch sei: Wir können sehr wohl lernen, die Hunde recht gut zu verstehen, und auch, uns ihnen verständlich zu machen, wenn wir uns darum bemühen. Es gehört allerdings etwas mehr dazu als die einfache Denkweise: Das ist ein Hund und der hat zu gehorchen.

**Unter dem Stuhl in Sicherheit beobachtet Luna aufmerksam das Treiben auf der Spielwiese.**

### Körpersprache – Was will der Welpe sagen?

Hunde verständigen sich hauptsächlich über die Körpersprache. Dazu gehören die Stellung des Schwanzes, der Ohren, die gesamte Körperhaltung, der Ausdruck der Augen und des Gesichtes. Hunde können eine ganze Menge Botschaften auf diesem Weg vermitteln.

#### Ich habe Angst!

Ein ängstlicher Welpe zeigt geduckte Körperhaltung mit eingezogener Rute, angelegten Ohren, nach hinten gezogene Mundwinkel und aufgestellte Rückenhaare. Meist sieht man eine Tendenz zum Zurückweichen. Es müssen aber durchaus nicht immer alle Anzeichen gleichzeitig vorhanden sein.

Vermeiden Sie es bitte, einen ängstlichen Welpen zu trösten oder zu bedauern. Auch wenn das jetzt hart klingt, aber damit belohnen Sie ihn für seine Angst, und er wird sie immer wieder zeigen. Geben Sie einem Welpen stattdessen lieber Schutz, z. B. einen Raum, indem er sich wirklich sicher fühlt.

Versteht man diese Signale der Hunde, kann man sie auch selbst sehr gezielt zur Kommunikation einsetzen. So kann man sich einem ängstlichen Hund gegenüber eher kleiner machen, indem man in die Hocke geht, ihn nicht direkt anschaut und Beschwichtigungsgesten zeigt, um ihn nicht noch mehr zu verunsichern.

Das ängstliche Verhalten erinnert mit der geduckten Körperhaltung sehr an das menschliche schlechte Gewissen. Das ist ein sehr häufiges Missverständnis, unter dem die Hunde zu leiden haben. Anstatt: „Ich habe Angst, tu mir nichts“, verstehen die Menschen: „Ich weiß, ich habe einen Fehler gemacht“, wofür der Hund meist bestraft wird. Sie wissen es jetzt besser und können bei Ihrem Welpen dieses Missverständnis vermeiden. Denn damit zeigen solche Menschen nur, wie wenig sie ihren Hund doch verstehen, was wiederum beim Hund zu sehr viel Unsicherheit führt. Stellen Sie sich nur mal vor, Sie wären in einem Land, in dem Sie niemand versteht ...

## Beschwichtigungsverhalten

Viele Signale aus dem ängstlichen Verhalten und noch einige, die aus dem Verhalten der Welpen beibehalten werden, lernt der gut sozialisierte Hund als so genanntes Beschwichtigungs- oder Unterwerfungsverhalten einzusetzen. Damit sagen die Hunde: „Schau, wie klein ich bin. Tu mir bitte nichts!“ Zum Beschwichtigungsverhalten gehört z.B. das Mundwinkel lecken. Welpen begrüßen damit das Muttertier, um Futter zu erbetteln. Auch als erwachsener Hund wird dieses Verhalten als Beschwichtigung beibehalten. Eine weitere Beschwichtigungsgeste, die aus der Welpenzeit beibehalten wird, ist das Urinieren. Auch damit sagen erwachsene Hunde noch: „Schau wie klein ich bin, tu mir nichts!“

Unwissenheit des Menschen führt auch hier häufig zu Missverständnissen. Zum Mundwinkellecken muss der Hund uns Anspringen, weil unser Mund eben entsprechend hoch liegt. Das wird oft nicht gern gesehen. Ein Schimpfen bewirkt aber eher ein vermehrtes Anspringen, weil der Hund ja dann noch viel mehr Grund hat, seinen Menschen zu beschwichtigen. Dasselbe gilt für das Urinieren. Oft höre ich den Satz: „Vor Freude macht er immer Pipi, wenn ich ihn begrüße!“ Das ist nicht nur Freude. Der Welpe sagt damit: „Tu mir bitte nichts.“ Und mir sagt die Situation, dass dieser Welpe schon öfter von seinem Frauchen geschimpft wurde. Sie sehen, wie wichtig es ist, den Welpen zu verstehen!

**Der Welpe ist ängstlich, was man an seiner Tendenz zum Zurückweichen sehen kann.**

**Zur Begrüßung lecken die Welpen die Mundwinkel der Mutter. Dies wird auch später als Beschwichtigungsgeste eingesetzt.**

Im Spiel üben die Welpen zu kommunizieren, hier mit einer Hündin, die zu Besuch kam.

## Imponierverhalten

Neben dem Beschwichtigungs- und Unterwerfungsverhalten wird mit der Körpersprache auch das Imponierverhalten ausgedrückt. Das sagt dann in etwa: „Ich bin der Stärkere! Verhalte dich also entsprechend!“

Hierbei machen sich die Hunde größer, um ihre Stärke deutlich zu demonstrieren. Der Schwanz wird nach oben getragen. Die Ohren und die Mundwinkel sind nach vorne gerichtet. Das Gegenüber wird dabei nicht direkt angeschaut. Denn ein direktes Anschauen wäre schon eine erste Stufe von Bedrohung, die man vom reinen Imponierverhalten abgrenzen muss.

## Berührungen

Zur Körpersprache gehört auch das Berühren. Hunde, die sich gut verstehen, zeigen sehr häufig Schnauzenzärtlichkeiten. Das können wir nutzen, um die Bindung des Welpen zu uns zu stärken. Machen Sie es sich mit Ihrem Welpen bequem, umfassen Sie ganz zart seine Schnauze und streicheln Sie ihn.

Das Berühren empfinden die Hunde allerdings nur in solch entspannten Schmusesituationen als angenehm. Möchte man Berührungen in der Ausbildung als Belohnung benutzen, muss man auf eine entsprechende Atmosphäre achten. Die ist auf dem Hundeplatz im Allgemeinen nicht gegeben. Der Hund erträgt dort eine Berührung eher widerwillig, was die Menschen erkennen würden, wenn sie auf seine Körpersprache achten würden.

Auch ist es eine Unsitte, fremde Hunde und erst recht Welpen anzufassen. Das ist – eigentlich nicht nur in der Hundewelt – in höchstem Maße unhöflich. Ich beobachtete einmal eine sehr aussagekräftige Situation, als eine Frau auf den Welpen eines jungen Mannes zuschoss, um ihm den Kopf zu kraulen. Der junge Mann machte daraufhin dasselbe mit der Frau. Schimpfend zog sie von dannen, der Welpe jedoch hatte das zu erdulden.

Es kann sehr viel Spaß machen, die Sprache der Hunde verstehen zu lernen. Ich kann Sie dazu nur ermuntern (siehe Literatur, S. 152).

## Der Welpe lernt die Hundesprache

Dass Menschenbabys erst einmal sprechen lernen müssen, weiß jeder. Den meisten Menschen ist auch klar, dass sie nicht von Anfang an jedes Wort verstehen. Dass das aber bei Hunden in Bezug auf ihre eigene „Muttersprache“ genauso ist, ist den meisten Menschen eigentlich nicht klar. Aber für Hundebabys gilt dasselbe. Auch sie verstehen nicht von Anfang an alle Signale der anderen Hunde. Das müssen sie erst lernen. Zwar sind verschiedene „Gesten“, wie z. B. das Runzeln des Nasenrückens, angeboren, was das aber bedeutet und wie man es sinnvoll in der Kommunikation einsetzt, müssen die Welpen erst lernen. Auch in dieser Hinsicht spielt die Sozialisationsphase eine entscheidende Rolle. Hier lernen die Welpen voneinander und natürlich ganz entscheidend auch von der Mutter. Wie wir schon bei anderen Dingen in der Entwicklung der Welpen gesehen haben, hat auch hier die Natur ein ganz sinnvolles Lernprogramm eingerichtet.

### Drohsignale

In den ersten Wochen ist die Hundemutter eigentlich ausschließlich nett und fürsorglich zu den Kleinen. Sie macht sie sauber, säugt sie, teilt anfangs auch bereitwillig ihr Futter mit den Babys. Wenn die Kleinen dann aber älter werden, so etwa ab der sechsten Woche, gibt Mama auch schon mal Unterricht im Benimm. Und dabei lernen die Welpen die Drohsignale. Während Mama vorher all ihr Futter mit den Kleinen teilte oder es ihnen sogar bereitwillig abgab, sagt sie jetzt auch schon mal „Nein“. Ein direktes Anschauen bedeutet, dass man Mama am besten nicht näher kommt. Dies wissen die Kleinen zunächst noch nicht. Unbekümmert nähern sie sich weiter der Futterschüssel. Jetzt runzelt Mama den Nasenrücken, knurrt und zeigt die Zähne. Wenn die Welpen nicht auf Abstand gehen, macht sie schon mal eine Schnappintention. Spätestens dann sind die Welpen endlich eingeschüchtert und ziehen ohne Futter von dannen. Dieses Vorgehen, das uns oft hart und ungerecht vorkommt, ist eine

**Die Welpen lernen das „Nein“ der Mutter zu verstehen und zu respektieren.**

**Unterschiedliche „Dialekte“: Der Bobtail ist kaum in der Lage, seine Haare zu stellen, während sie beim Rhodesian Ridgeback dauernd gestellt sind.**

sehr wichtige Lektion für einen jungen Hund. Nach einigen Wiederholungen hat er gelernt, dass schon das drohende Anschauen bedeutet: Abstand halten! Die Hundemutter braucht dann nicht deutlicher zu werden.

In derselben Lektion lernt der junge Hund auch bereits Beschwichtigungsgesten sinnvoll einzusetzen. Er entdeckt nämlich, dass solche Verhaltensweisen wie sich klein machen, die Ohren anlegen, eine Pfote hochheben, wegschauen oder auf den Rücken rollen den Zorn der Mutter besänftigen.

Die so gelernten Signale üben die Hunde untereinander im Spiel. Sie lernen, wie die Geschwister reagieren, wenn sie mal laut knurren oder auch wenn sie sich auf den Rücken legen und nicht mehr bewegen. Und so etwas braucht natürlich Übung. Hier werden in den Wochen beim Züchter nur die Grundlagen gelegt. Natürlich können wir das nicht weiter fortführen. Aber wir sollten dafür sorgen, dass unser Welpe viele andere Hunde trifft, damit er weiter seine Sprache lernen kann.

## Kontakt zu anderen Hunden

Häufig werden Welpen im Alter von acht Wochen beim Züchter abgeholt und haben erst einmal keinen Kontakt zu anderen Hunden, weil die neuen Besitzer Angst vor Infektionskrankheiten haben. Vielleicht begegnet man auf seinen Spaziergängen auch kaum anderen Hunden, weil man z. B. auf dem Land wohnt. Auch gehen viele Menschen zu ganz ungewöhnlichen Zeiten mit ihren Hunden spazieren, weil sie keinem anderen Hund begegnen wollen. Auf jeden Fall ist es keine Seltenheit, dass junge Hunde in ihrem ersten Lebensjahr kaum andere Hunde treffen. Ohne diese Gelegenheit, die eigene Sprache zu sprechen, kann aber auch ein Hund sie nicht lernen. Begegnet er nach einiger Zeit dann endlich einem Hund, ist dieser ein fremdes Wesen für ihn. Er versteht den Artgenossen nicht. Das führt zu Unsicherheit, die auch schnell in Aggression umschlagen kann. Meist ist dies der Grund für die häufigsten Aggressionsprobleme an der Leine, die dann später entstehen. Hunde haben im Gegensatz zu fast allen anderen Tierarten das Problem, dass es in ihrer „Muttersprache“ unzählig viele „Dialekte“ gibt. Ein Deutscher Schäferhund spricht ganz anders als z. B. ein Bobtail, der wiederum ganz anders als ein Bloodhound usw. Ein Rhodesian Ridgeback hat durch seinen Ridge auf dem Rücken z. B. ständig „gesträubte“ Nackenhaare. Andere

Hunde müssen erst einmal lernen, dass das bei diesen Hunden normal und nicht der Ausdruck einer Emotion ist.

Es ist daher sehr sinnvoll, dass der junge Hund so viele unterschiedliche Hunde mit unterschiedlichen Ausdrucksmöglichkeiten kennen lernt wie möglich. Denn er entwickelt nur dann einen sicheren Umgang mit anderen Hunden, wenn er sie wirklich verstehen kann. Es ist also wichtig, dass der Welpe andere Hunde aller möglichen Rassen kennen lernt, egal ob alt oder jung, groß oder klein.

## Große und kleine Hunde

Wie viele Hunde kleiner Rassen gibt es, die alle anderen Hunde, da meist größer, angiften, weil sie wirklich Angst vor diesen „Monstern" haben! Oft haben sie nie gelernt, dass auch das ganz normale Hunde sind. Ein Welpe einer kleinen Hunderasse, der mit größeren Hunden aufgewachsen ist, ist dagegen eine wahre Freude im Umgang mit anderen Hunden. Auch die großen Hunde profitieren davon. Sie lernen, dass auch so kleine Kerle Hunde sind und, dass man entsprechend vorsichtig mit ihnen umgehen muss. Lassen Sie also auch Ihren Dackel Doggen kennen lernen oder umgekehrt. Natürlich muss man als Mensch in solchen Situationen sehr wachsam sein. Die Dogge darf nicht wild auf dem Dackel herumspringen. Aber auch unterschiedliche Hunde können schön miteinander spielen lernen

**Wichtig**

*Achten Sie in Welpenspielgruppen (siehe S. 134) darauf, dass die Hunde wirklich gemischt sind und nicht kleine und große getrennt werden. Für die Betreuung benötigt man natürlich mehr Trainer, als in einheitlichen Gruppen.*

Der 14 Wochen alte Doggenwelpe lernt, dass er mit einem gleichaltrigen Mops entsprechend vorsichtig sein muss.

Die deutlich größere Luna, hier 4 Monate alt, spielt vorsichtig mit dem kleinen, 3 Wochen jüngeren Welpen. 1

Sie liegt die ganze Zeit, um sich kleiner zu machen. 2

Damit schafft sie gleiche Chancen im Spiel. 3

Eine solche Konstellation in Welpengruppen erfordert natürlich sehr viel Aufmerksamkeit und Kenntnisse des Gruppenleiters. 4

## Besitzer kleiner Hunde

Geben Sie Ihrem Hund die Möglichkeit, in einer Welpengruppe Hunde größerer Rassen kennen zu lernen. Die Kleinen lernen so schnell, wie sie sich flink gegen die Großen behaupten können, wie sie Schlupflöcher und Verstecke finden, wohin die Großen ihnen nicht folgen können oder wie sie den Großen um die Beine wuseln, die dann oft nur ganz verdutzt stehen bleiben, weil sie sich gar nicht so schnell bewegen können. Ein kleiner Hund, der solche Erfahrungen in seiner Kindheit machen durfte, wird später großen Hunden auf dem Spaziergang ruhig und sicher begegnen und sich nicht, wie die vielen kleinen Kläffer, auf alles stürzen wollen, nur weil er Angst vor dem großen „Ungeheuer“ hat, das Ihnen entgegenkommt.

Auch wenn Sie am Anfang vielleicht etwas Angst um Ihren Kleinen haben, was in einer gut geführten Welpengruppe nicht nötig ist, ist es auf die Dauer viel sicherer für den kleinen Hund, wenn er solche Erfahrungen mit großen Hunden machen durfte. Ich kenne viele Fälle, in denen kleine Hunde von großen tot gebissen wurden, was nicht passiert wäre, wenn sie gelernt hätten, mit großen Hunden zu kommunizieren. Aus ihrer Unsicherheit beißen die Kleinen nämlich in besagten Fällen wild um sich. In einer solchen Situation hat eben auch ein großer Hund das Recht, sich zu wehren. Das, was dann bei einem gleich Großen vielleicht noch nicht einmal zu einem Loch im Pelz geführt hätte, kann bei einem Kleinen den Tod bedeuten, wenn ein Zahn z. B. den Brustkorb aufschlitzt, weil eben ziemlich direkt unterm Fell die lebenswichtigen Organe liegen und keine Pufferschicht mehr dazwischen ist. Auch die großen Hunde lernen in solch gemischten Spielgruppen sehr schön, dass sie mit den kleineren vorsichtiger umgehen müssen. Es profitieren also beide davon. Und es ist immer wieder eine Freude, einen sicheren kleinen Hund zu sehen, der ganz souverän mit den großen kommuniziert und nicht nur giftig herumkläfft,was man nur leider noch viel zu selten sieht.

## Kennenlernen von Grenzen

Es kann auch ein gut sozialisierter erwachsener Hund in der Welpengruppe anwesend sein. Damit meine ich aber nicht einen Hund, der nur lieb ist und sich alles gefallen lässt. Diesem vertrauen zwar die meisten Welpenbesitzer ihren Kleinen gern an; was er in diesem Fall lernt, ist aber nicht gerade vorteilhaft für ihn. Der Welpe lernt nämlich von einem solchen Hund nur, dass er sich eigentlich alles herausnehmen kann. Das ist für eine Begegnung mit anderen Hunden nicht sehr sinnvoll. Laut „Hundeknigge" muss sich eben auch ein junger Hund an bestimmte Regeln halten. Wenn er die nie gelernt hat, kann es sein, dass ein anderer sie ihm mal überdeutlich klar macht. Es kann Ihrem Welpen also nichts Besseres passieren, als dass er diese Regeln von einem gut sozialisierten Althund beigebracht bekommt. Jeder Hund muss seine Grenzen kennenlernen. Dieses Unterrichtsfach beginnt die Mutter meist noch in der Kinderstube. Es muss später aber unbedingt weitergeführt werden! Und darin sind gut sozialisierte Althunde nun mal die besten Lehrmeister! Seien Sie also jedem erwachsenen Hund dankbar, der Ihrem Welpen seine Grenzen zeigt. Er hat Ihnen damit ein wichtiges Stück Arbeit abgenommen. Meine Betonung liegt hier immer wieder auf „gut sozialisierter" Althund. Der sollte sich nämlich wirklich in der Hundesprache auskennen, sicher sein im Umgang mit anderen Hunden und den „Hundeknigge" kennen. Ein solcher Hund in der Welpenspielgruppe ist durch keinen noch so guten Trainer zu ersetzen. Er erkennt nämlich sofort, wo er eingreifen muss, meist noch bevor sich ein Streit entwickelt. Er wird von den Welpen respektiert ohne ihnen Angst einzujagen und kann so die besten Voraussetzungen für ein gutes soziales Lernen bieten.

### Wichtig

*Je gemischter eine Welpengruppe ist, umso besser. Welpengruppen, die nur aus einer Rasse bestehen, sind zwar immer noch besser als gar keine, aber nicht sehr vorteilhaft für die Entwicklung Ihres Welpen. Sonst könnte es ihn später leicht irritieren, dass es auch noch andere Hunde auf der Welt gibt als solche, die so aussehen wie seine Mutter und seine Geschwister.*

**Optimal ist eine bunt gemischte Welpengruppe.**

Von einem gut sozialisierten erwachsenen Hund kann der Welpe eine Menge lernen.

## Welpenschutz

In diesem Zusammenhang muss auch der Welpenschutz angesprochen werden. Sehen wir uns dazu zunächst ein Wolfsrudel an. Die Wolfswelpen genießen in der Tat in ihrem Rudel einen Welpenschutz, d. h., sie haben eine Art Narrenfreiheit und können sich – zumindest in ihren ersten Lebenswochen – so einiges herausnehmen, was ein erwachsener Wolf des Rudels nicht dürfte. Das gilt aber nur innerhalb des eigenen Rudels. Jeder fremde Wolfswelpe würde getötet werden.

Nun sind Hunde glücklicherweise keine Wölfe, auch wenn sich viele ihrer Verhaltensweisen aus dem Verhalten ihrer Vorfahren entwickelt haben. Ein Welpe wird wohl kaum von einem fremden Hund direkt getötet. Aber ein fremder Hund muss keinen Welpenschutz achten, denn das ist eine Regel, die nur innerhalb des eigenen Rudels gilt. In den Köpfen vieler Hundehalter kursiert leider immer noch die irrige Annahme, dass ein erwachsener Hund einem Welpen nichts tut. Das kann man aber nicht voraussetzen. Hinzu kommt, dass die meisten Menschen auch einen Hund, der älter als vier Monate ist, noch als Welpen bezeichnen. Das ist er aber nicht mehr. Er ist dann ein Junghund, für den wieder ganz andere Regeln gelten. Seien Sie also bei Hundebegegnungen nicht so blauäugig, sich auf den eigentlich nicht vorhandenen Welpenschutz zu verlassen, denn die Hunde, denen Sie begegnen, gehören nun mal nicht zum eigenen Rudel. Fragen Sie lieber nach, ob der andere Hund gut sozialisiert ist und sich mit fremden Hunden versteht. Wenn das nämlich nicht der Fall ist, würde ich meinen Welpen nicht so ohne weiteres als Versuchskaninchen opfern. Denn für Welpen gilt dasselbe wie für kleine Hunde: Die Pufferzone, bevor es an die lebenswichtigen Organe geht, ist nun mal sehr klein. Außerdem prägen sich schlechte Erfahrungen in dieser Zeit besonders gut ein.

## Der Welpe lernt die Menschensprache

Seit etwa 15000 Jahren sind Hunde die Begleiter der Menschen. Hunde haben sich auf diese Weise in der Biologie einen sehr erfolgversprechenden Platz verschafft. Solange es Menschen gibt, ist wohl auch das Fortleben der Hunde gesichert.

Die Hunde haben sich auch vom Erbgut her optimal an diese biologische Nische an der Seite der Menschen angepasst. Studien darüber, welche menschlichen Gesten die Hunde schon von Geburt an verstehen, zeigen das schön.

Hunde sind wahre Meister darin, uns zu beobachten und aus unseren Körpersignalen für sie wichtige Informationen zu sammeln. Schon der Welpe lernt sehr schnell, welche Bewegungen einem Spaziergang vorausgehen, sodass er spätestens dann, wenn sein Mensch zum Hausschlüssel greift, zur Stelle ist. Später reicht meist schon ein Denken an den Spaziergang und der Mensch gibt genügend Signale, die der Hund entsprechend versteht. Die Hunde lernen also sehr schnell, für sie wichtige Signale zu erkennen und zu deuten. Das sind einmal Signale, die etwas Angenehmes ankündigen, aber auch solche, die etwas Unangenehmes für sie erkennen lassen. Oft sind das dann die Momente, in denen der Mensch meint, der Hund habe ein schlechtes Gewissen. So etwas gibt es bei Hunden aber nicht. Sie kennen keine Moral in unserem Sinne, wissen von daher also nicht, was richtig und was falsch ist. Sie lernen aber sehr schnell, welche Signale aus der Umwelt, oder speziell von ihrem Menschen, Ärger bedeuten. Und genauso wie ein Hund schon weiß, dass wir mit ihm spazieren gehen wollen, obwohl wir eigentlich denken, wir hätten ihm noch gar keinen Hinweis dazu gegeben, weiß er eben auch, wann ein Donnerwetter bevorsteht, und sendet dann die aus seiner Sicht angebrachten Signale, nämlich Beschwichtigungsgesten, die von uns als schlechtes Gewissen missdeutet werden.

Wie sehr die Hunde auf unsere Körpersprache achten, zeigt folgendes Beispiel. Es handelt von einem gut ausgebildeten Hund, der in Obedience trainiert wurde, eine Sportart, in der es auf die perfekte Ausführung bestimmter Kommandos ankommt. Besagter Hund nahm immer das Abrufen aus der Platz-Ablage vorweg, bevor seine Hundeführerin ihm das entsprechende Kommando gab, was natürlich zu Abzügen führte. Die Hundeführerin hatte die Ausbildung so abwechslungsreich gestaltet, dass eine Vorwegnahme eigentlich nicht möglich war. Dennoch trat dieser Fehler aber immer wieder auf. Daraufhin wurde beobachtet, ob sie nicht doch irgendwelche unbewussten Signale gab. Es stellte sich heraus, dass sich ihre Pupillen kurz vor dem Kommando etwas vergrößerten. Das reichte aus, um dem Hund als Signal zu dienen. Da die Frau das nicht willentlich beeinflussen konnte, trug sie von da an eine Sonnenbrille, sodass der Hund dieses Signal nicht mehr wahrnehmen konnte, und das Problem war behoben.

**Der kleine Welpe sucht erst einmal Deckung im hohen Gras, während sich der erwachsene Hund neugierig der Kamera nähert.**

Dieses Beispiel zeigt eindrucksvoll, welch feine Signale die Hunde an uns wahrnehmen und wie gut sie uns beobachten.

Was Hunde aber nicht können, ist unsere gesprochene Sprache verstehen! Ich finde es immer wieder erstaunlich, mit wie viel „Dididei“ mit kleinen Kindern gesprochen wird oder wie die meisten Menschen ihre Sprache verändern, wenn sie mit Ausländern reden, aber mit Hunden wird so gesprochen wie mit jedem anderen Erwachsenen und was noch schlimmer ist: Es wird vorausgesetzt, dass sie das verstehen! Tun sie aber nicht! Schlicht und einfach. Vielleicht wird sich bei manchem Leser jetzt ein Anflug von Empörung breit machen und es fallen Ihnen direkt einige Beispiele ein, in denen Hunde scheinbar wirklich menschliche Sprache verstehen. Die meisten dieser Beispiele lassen sich aus der feinen Beobachtungsgabe der Hunde für unsere Körpersprache erklären.

Natürlich kann ein Hund auch bestimmte Worte kennen lernen. Das erfordert aber schon ein hohes Maß an Ausbildung. Und Sie können mir glauben, wenn ich Ihnen jetzt sage, dass die meisten Hunde noch nicht einmal das Wörtchen „Sitz“ verstehen! Auch da gucken sie vielmehr auf die Körpersprache. Wenn der Mensch sich dabei mit einem Bein auf einen Stuhl stellt, in den Himmel guckt und die Arme seitlich wegstreckt, versteht kaum noch ein Hund, dass er auf das Kommando hin absitzen soll.

Bei entsprechender Ausbildung kann der Hund das aber durchaus verstehen lernen. Doch auch dann versteht er das Wort nicht in unserem Sinne. Ob Sie nämlich für dieses Kommando „Sitz“, „Himmel“ oder „Gänseblümchen“ sagen, macht für den Hund keinen Unterschied.

**Der Hund versteht zwar nicht das Wort in unserem Sinn, aber er kann den Tonfall des Wortes „Sitz“ mit der entsprechenden Handlung verbinden.**

# Welpenschule

## Verständigung zwischen Mensch und Hund

Wir haben erfahren, dass die ersten Lebenswochen des Welpen enorm wichtig sind, auch in Bezug auf das spätere Lernen. Welpen lernen so extrem schnell, dass es eigentlich eine Schande ist, wenn man diese Phase ungenutzt verstreichen lässt, weil man dem früher oft gegebenen Rat folgt, man könne erst ab einem halben Jahr mit der Ausbildung eines Hundes beginnen. Hunde im Alter von einem halben Jahr und älter brauchen für dasselbe Lernpensum, das ein acht Wochen alter Welpe leisten kann, viel länger.

Also: Warum so lange warten?

Aber ....

Und jetzt kommt das große Aber! Auf keinen Fall darf man natürlich einen Welpen mit irgendeiner Form von Zwang ausbilden. Das war es, was die alten Ausbilder erkannten und weshalb sie lieber warteten, bis der Hund ein halbes Jahr alt war.

Ausbildung sollte Spiel sein, ein Spiel, bei dem Sie die Spielregeln bestimmen und das so gestaltet ist, dass der Welpe gar nicht merkt, dass er ausgebildet wird. „Geht so etwas denn? Muss Ausbildung nicht streng und konsequent sein?“, werden Sie vielleicht fragen. Das ist eine noch immer weit verbreitete Meinung, unter der auch unsere Kinder leiden. Ein Welpe, genau wie ein Kind, macht nichts lieber als lernen. Dazu ist sein Gehirn bestens eingerichtet. Lernen ist sogar in gewisser Weise selbstbelohnend.

Wir haben also nichts weiter zu tun, als diesen Drang nach Lernen zu stillen, in einer Art und Weise, dass der Spaß daran erhalten bleibt oder gar noch erhöht wird!

**Das Welpengehirn tut sozusagen nichts lieber als lernen. Nutzen Sie diese Tatsache!**

### Warum Erziehung wichtig ist

Manche Menschen denken auch: „Warum soll ich meinen Hund überhaupt ausbilden? Warum soll ich uns diesen Zwang antun?“

Erstens sollte es kein Zwang sein, sondern Spiel. Und die meisten Menschen spielen sehr gern mit ihren Hunden. Zweitens ist ein gewisser Grundgehorsam in unserer heutigen Welt einfach unabdingbar. Schließlich möchte man den Hund ja gern überallhin mitnehmen, wo er dann möglichst nicht unangenehm auffallen soll. Außerdem weiß man nie, wie das Leben in einigen Jahren aussehen wird. Viele Menschen dachten, sie hätten einen Hund fürs Leben, und mussten ihn dann doch aus den unterschiedlichsten Gründen abgeben. Ein gut erzogener Hund hat viel bessere Chancen auf eine gute Vermittlung. Auch deshalb tun Sie Ihrem Hund mit einer guten Ausbildung einen Gefallen. Und es ist immer eine Freude, mit einem Hund zusammenzuleben, der nicht unangenehm auffällt.

Ich werde also zeigen, wie schon ein Welpe Hörzeichen lernen kann, ohne Zwang und Gewalt, sodass es Mensch und Hund Spaß macht und am Ende ein wohlerzogener Hund das Ergebnis ist.

**Es ist eine Freude, mit einem gut erzogenen Hund zusammen zu leben.**

Prinzipiell kann man auf diese Weise auch ältere Hunde ausbilden, es wird eben nur entsprechend länger dauern. Nicht weil sie nicht so gut im Lernen sind, sondern weil sie schon sehr viel gelernt haben. Lassen Sie mich das mit einem Hausbau vergleichen. Einen Neubau kann man gestalten, wie man möchte. Man hat – im Rahmen der Bauvorschriften – alle Möglichkeiten. Will man ein existierendes Haus umbauen, ohne es vorher ganz abzureißen, vielleicht weil man ja währenddessen darin wohnen muss, ist man in seinen Möglichkeiten schon viel eingeschränkter. Alles wird langsamer vonstatten gehen. Außerdem gibt es bestimmte Vorgaben, an die man sich einfach halten muss. So ist es z. B. sehr schwierig, tragende Mauern zu verändern usw.

Ähnlich ist es mit einem Gehirn, das bereits gelernt hat. Es kann natürlich auch noch lernen und umlernen, und es tut dies auch die ganze Zeit. Das geht aber längst nicht mehr so schnell wie bei einem Welpen, wo sozusagen erst der Rohbau errichtet wird und wir noch alle Möglichkeiten haben.

Der Australian Shepherd wurde für die Arbeit mit dem Menschen gezüchtet und ist meist leicht zu motivieren.

## Unterschiedliche Rassen

Jeder Welpe ist anders! Selbst zwei Welpen einer Rasse, ja aus einem Wurf, werden sich nicht vollkommen gleich entwickeln. Deswegen haben wir uns auch schon die unterschiedlichen Rassen etwas angesehen (siehe S. 43). Für die Ausbildung kann man stark vereinfacht sagen: Es gibt Hunde, die für das Arbeiten mit den Menschen, und solche, die für die selbstständige Arbeit gezüchtet wurden. Bei den einen steht in den Rassebeschreibungen oft „intelligent, leicht auszubilden“ oder Ähnliches. Bei den anderen eher „stur, schwer erziehbar, braucht eine konsequente Hand“ usw. Auch darauf sollte man natürlich bei der Wahl einer Rasse achten. Mit einem Chow-Chow z. B. wird man es bei der Ausbildung in der Regel viel schwerer haben als mit einem Golden Retriever. Das heißt aber nicht, dass man bestimmte Rassen nicht ausbilden kann. Man muss sich unter Umständen nur mehr Gedanken machen, wie man den Hund motivieren kann. Und die Ausbildung kann etwas länger dauern, muss deswegen aber nicht weniger Spaß machen. Denn dafür hat eine „schwer erziehbare“ Rasse andere Vorzüge, wegen derer man sich ja für diesen Hund entschieden hat. Nur in den Kursen stört dann immer wieder unser ach so menschlicher Ehrgeiz.

Man sieht neidisch zu einem Team, bei dem alles schon sehr gut klappt, während der eigene Hund noch längst nicht solche Fortschritte gemacht hat. Dass aber dieser Hund zu Hause vielleicht die Wohnung auf den Kopf stellt, weil er dort völlig unterfordert ist, und dass sein Besitzer sich dann oft einen Hund wünscht, der in der Wohnung unauffällig in seinem Körbchen liegt, das sehen die entsprechenden Hundebesitzer meist nicht.

## Motivation

Wollen wir, dass der Welpe mit Spaß bei der Sache ist, brauchen wir Möglichkeiten, ihn zu motivieren. Machen Sie sich mal Gedanken, was Ihr Welpe alles so richtig gern mag. Ist es ein tolles Spiel mit Ihnen? Oder vielleicht ein besonders gutes Leckerchen? Hat er da spezielle Vorlieben? Wie sieht es mit einem Sprung ins Wasser oder einem gemeinsamen Lauf über die Wiese aus? Am besten schreiben Sie sich zehn oder mehr Dinge auf, die Ihr Welpe ganz besonders gern mag. Als Nächstes versuchen Sie diese Dinge in eine bestimmte Reihenfolge zu bringen, so nach dem Motto: „Am liebsten mag mein Hund..., danach folgt..., dann..." usw.

Vielleicht werden Sie bei dieser Übung feststellen, dass man das gar nicht so allgemeingültig sagen kann, sondern dass es auf die jeweiligen Umstände ankommt. Wenn der Welpe den Bauch voll hat, werden manche Leckerchen wohl nicht mehr der Renner sein. Und wenn er gerade eine Stunde mit den Kindern gespielt hat, ist er mit einem weiteren Spiel kaum zu motivieren. Vielleicht zieht er dann eine Runde Bauchkraulen vor. Es lohnt also, sich darüber Gedanken zu machen, denn all das, was ein Hund gern mag, können wir in der Ausbildung als Belohnung einsetzen.

Dummerweise setzen wir diese Dinge nicht nur in der Ausbildung bewusst als Belohnung ein, sondern unbewusst in jedem Augenblick. Denn Hunde lernen immer – nicht nur dann, wenn wir mal Zeit haben für eine Unterrichtseinheit. Ist es also etwas sehr Schönes für Ihren Hund, hinaus in den Garten zu dürfen, und er springt und bellt und macht Theater, bevor Sie die Tür aufmachen, wird er durch das Öffnen der Tür genau für dieses Verhalten belohnt. Er wird dann sogar glauben, das müsse so sein, damit die Tür aufgeht. Sie haben dem Hund nach allen Regeln der Ausbildung ein weniger erwünschtes Verhalten beigebracht, ohne es eigentlich beabsichtigt zu haben. Auch ein Hund, der an der Leine zieht, weil er voller Freude einen anderen Hund entdeckt hat, zu dem er gerne hin möchte, wird für dieses Verhalten belohnt, wenn er genau in dem Moment von der Leine kommt. Wir werden noch im Einzelnen darauf eingehen. Lernen Sie deshalb solche motivierenden Dinge für das Belohnen von erwünschtem Verhalten zu nutzen!

### Wichtig

*Jeder Hund ist unterschiedlich. Das sollten wir respektieren und jeden nach dem ihm angemessenen Tempo fordern und fördern. Die einzelnen Übungen in diesem Buch sind daher in kleine Schritte unterteilt, so dass Sie für sich und Ihren Hund das Ihnen zusagende Lerntempo wählen können. Dazu kommt noch, dass Ehrgeiz die Hunde unter Druck setzt. Selbst wenn man noch so viel über positive Verstärkung ausbildet und versucht, dem Hund das Lernen angenehm zu machen, wird er diesen Druck doch spüren. Daher ist eine gute Hundeausbildung auch eine Arbeit an sich selbst. Wir können eben nur den Weg bestimmen. Das Tempo bestimmt weitgehend der Hund.*

## Leckerchen

Etwas, das die meisten Hunde mögen, ist Futter. Von daher ist Futter leicht als Belohnung einzusetzen. Dabei ist wichtig, dass die Leckerchen schmackhaft und sehr klein sind. Wir wollen den Hund nicht mästen, sondern nur belohnen. Auch für einen großen Hund reichen Stücke in Erbsengröße vollkommen. Weiche Leckerchen sind harten – gerade bei Welpen – vorzuziehen, weil sie viel schneller geschluckt werden können und nicht noch lange darauf herumgekaut wird. Die Leckerchen sollten von der täglichen Futterration abgezogen werden oder anders ausgedrückt: Der Welpe kann sich ruhig einen Teil seines Futters verdienen.

Ich bin eigentlich kein Freund von regelmäßigen festen Futterzeiten für den Hund. Es ist viel sinnvoller, morgens die ihm für diesen Tag zustehende Menge abzuwiegen. Davon kann er sich dann tagsüber immer wieder etwas verdienen. Was abends noch übrig ist, kann man ja dann in einer Abendmahlzeit füttern. Auf diese Weise hat man nicht nur drei oder vier Futterzeiten pro Tag, sondern fast beliebig viele. Außerdem bekommt der Welpe dann sein Futter als Leckerchen und nicht zusätzlich zum normalen Futter noch spezielle Leckerchen. So kann man die Futtermenge viel besser kontrollieren. Natürlich kann man zwischendurch auch mal spezielle Leckerchen füttern, wenn der Hund etwas besonders gut gemacht hat. Man sollte jedoch darauf achten, dass diese von der täglichen Futterration abgezogen werden. Denn unser Arbeiten mit Leckerchen soll nicht dazu führen, dass die Welpen überfüttert werden.

Sehr sinnvoll ist es, wenn Sie sich eine schöne bunte Mischung an Leckerchen herstellen. Dann weiß der Hund nie, was er als Nächstes bekommt, es ist immer eine tolle Überraschung für ihn.

Da die meisten unserer Hunde heutzutage unterbeschäftigt sind, ist das Verdienen von Leckerchen eine sehr sinnvolle Beschäftigung. Ob das nun im Rahmen der Ausbildung passiert oder der Welpe sich sein Futter anders erarbeiten muss, indem er es sich z.B. im hohen Gras sucht oder aus einem gefüllten Spielzeug herausarbeitet, spielt keine Rolle. Das Futter bietet viele Möglichkeiten, den Hund mit relativ wenig Aufwand zu beschäftigen.

**Kauknochen machen nicht nur satt, sondern sind auch eine sinnvolle Beschäftigung.**

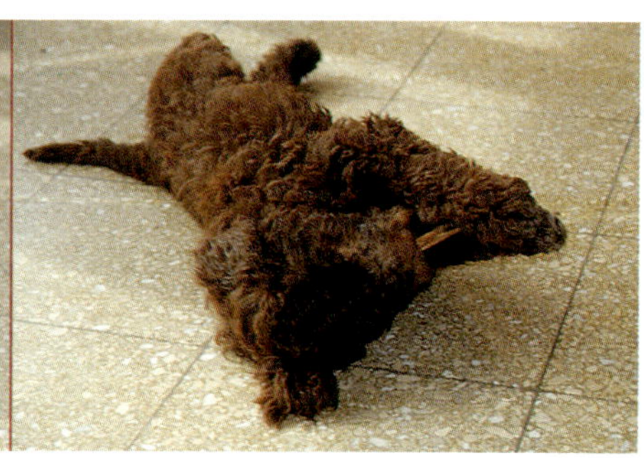

Ein Spielzeug kann man sehr schön zur Motivation des Hundes einsetzen. Vor allem im Welpenalter spielen die meisten Hunde sehr gerne, bzw. lernen es relativ schnell.

## Spielzeug

Auch Spielzeug kann man sehr gut und dosiert einsetzen. Weil es später unter Umständen sehr wichtig ist, in der Belohnung variabel zu sein, empfehle ich, mit jedem Welpen das Spielen zu üben. Bei vielen Welpen ist das gar nicht nötig, weil sie es sowieso sehr gern machen. Es gibt aber auch solche, die sich zunächst nicht so sehr davon begeistern lassen, jedoch selbst diese können lernen, dass Spielen toll ist.

Am besten eignen sich Spielzeuge, mit denen Sie gemeinsam mit dem Hund spielen können, z. B. Bälle mit Seil, ein Tau oder Ähnliches. Versuchen Sie auf keinen Fall, einem Hund, der nicht auf Anhieb gern spielt, das Spiel aufzudrängen. Damit erreichen Sie eher das Gegenteil. Gehen Sie so vor, dass Sie vor einer für den Hund tollen Situation (z. B. dem Füttern oder dem Spaziergang) das Spielzeug herausnehmen und selbst kurz damit spielen. Versuchen Sie wirklich überzeugend darzustellen, dass Sie da mit dem weltschönsten Spielzeug spielen! Sobald der Hund Interesse daran zeigt, kommt das Spielzeug weg. Direkt danach erhält er sein Futter oder es passiert sonst etwas Tolles. Er wird also für dieses Interesse belohnt und sein Interesse wird sich steigern lassen. Hören Sie in den nächsten Schritten immer dann auf zu spielen, wenn es gerade am schönsten ist, dann steigern Sie sein Interesse von Mal zu Mal, und schon bald ist aus dem anfänglichen Spielmuffel ein begeisterter Spieler geworden.

Geben Sie dem Hund immer wieder Aufmerksamkeit, wenn er irgendwelchen Müll findet (auch wenn Sie schimpfen), wird das Müllfinden bald seine Lieblingsbeschäftigung.

### Aufmerksamkeit

Für ein soziales Wesen wie den Hund ist Aufmerksamkeit etwas enorm Wichtiges und damit auch sehr belohnend. Auch sie kann man also gezielt in der Ausbildung einsetzen. Meistens geschieht das jedoch eher unbewusst und genau so, wie es eigentlich gerade nicht beabsichtigt ist.

Ein Beispiel: Es kommt Besuch. Der Welpe liegt ruhig in seinem Korb und beobachtet gelassen die Situation. Alle sind zu sehr mit dem Besuch beschäftigt, keiner achtet auf den Hund. Beim nächsten Mal, wenn Besuch kommt, mischt der Welpe sich mit ein. Auch er stürmt hin, springt den Besuch unter Umständen sogar an und steht dafür voll im Mittelpunkt. Selbst wenn in der Situation jemand schimpfen würde, könnte das doch die Freude über die herrliche Aufmerksamkeit, die ihm zuteil wurde, nicht trüben. Betrachten wir beide Situationen aus Sicht des Welpen: Es ist äußerst langweilig, im Körbchen liegen zu bleiben, wenn Besuch kommt. Aber es lohnt sich, sich mit ins Getümmel zu stürzen. Sie sehen, was Sie dem Welpen ganz unbewusst beigebracht haben!

#### Wichtig

***Hunde lernen in jedem Augenblick!***

*Es lohnt sich, wenn Sie lernen, Ihre Aufmerksamkeit ganz bewusst einzusetzen. Zeigt Ihr Hund ein erwünschtes Verhalten, sollten Sie das zumindest durch Ihre Aufmerksamkeit belohnen. Zeigt er hingegen ein unerwünschtes Verhalten, sollten Sie dem möglichst keine Beachtung schenken.*

## Regeln für Mensch und Hund

Das Lernen folgt bestimmten Gesetzen. Ich möchte hier nicht näher darauf eingehen, sondern empfehle dazu mein Buch „Hundeschule" (siehe S. 152). Aber eine Sache ist eben sehr wichtig und das ist das Timing: Die Belohnung muss genau in dem Moment erfolgen, in dem der Hund das erwünschte Verhalten zeigt. Das ist eine Sache, die den meisten Menschen erfahrungsgemäß sehr schwer fällt, weil sie einfach viel zu langsam sind. Besonders wenn man seinen ersten Hund ausbildet, sollte man sich also auch selbst noch einige Zeit zum Lernen gönnen. Genau wie man das Autofahren erst lernen muss oder bestimmte andere Fähigkeiten, so muss man auch die Fähigkeiten, die man zur Hundeausbildung braucht, erst erwerben. Gewissermaßen lernen Sie also mit dem Hund. Jeder lernt mit jedem Hund weiter. Wenn Sie an einen Hundetrainer geraten, der sagt, er wisse und könne schon alles, seien Sie skeptisch! Denn wir lernen alle immer noch dazu.

Sie tun auch sehr gut daran, den Fehler zuerst einmal bei sich selbst anstatt beim Hund zu suchen, wenn etwas nicht so wie geplant funktioniert. Oft entstehen durch falsches Timing einfach Missverständnisse, die sich aber so nach und nach ausbügeln lassen. Die Verständigung wird mit der Zeit immer besser.

**Wichtig**

*Damit der Hund wirklich lernen kann, was wir von ihm wollen, müssen wir uns klar ausdrücken und dürfen nicht ständig unsere Meinung ändern. Das ist Konsequenz.*

## Grenzen setzen / Spielregeln aufstellen

So gut wie kein Lebewesen kann immer so leben, wie es gern möchte. Wir alle stoßen immer wieder an Grenzen. Das ist auch gut so, denn dadurch wird etwas Entscheidendes gelernt: der Umgang mit Frustration. Optimal ist es, wenn der Welpe die Grundlagen schon in seiner frühen Entwicklung gelernt hat, weil er eben nicht in Watte gepackt wurde, sondern sich für manche Dinge anstrengen musste.

In diesem Alter erlaubt die Hundemutter ihren Welpen das Nuckeln nur noch selten. Dadurch lernen sie mit Frustration umzugehen.

Auch Sie sollten jetzt dem Welpen gezielt Grenzen setzen, damit er weiterhin lernt, mit Frustration umzugehen. Ist ein Hund dazu nicht fähig, kann es später zu ernsthaften Problemen kommen, die sich bis hin zur Aggression steigern können.

Zum Grenzensetzen braucht man nicht streng zu sein. Es ist auch nicht erforderlich, den Welpen zu strafen oder anzuschreien. Man muss nur konsequent sein. Das Konsequentsein dürfen Sie bitte nicht mit Strenge verwechseln! Es heißt einfach nur, dass eine einmal aufgestellte Regel auch eingehalten wird. Und das hat viel eher etwas mit Verständigung zu tun als mit der so häufig zitierten „Dominanz“.

### Konsequenz will geübt sein!

Das ist ein Bereich, in dem erfahrungsgemäß sehr viele Fehler gemacht werden, meist weil die Hundehalter es gut mit ihren Tieren meinen.

Ein Beispiel: Sie haben sich vorgenommen, dass der Hund erst dann von der Leine kommt, wenn er sich zuvor schön hingesetzt hat. Ein sehr guter Vorsatz, denn das erleichtert das Leben ungemein. Allein auf dem Spaziergang klappt das auch ganz gut. Sind jedoch andere Hunde in der Nähe, ist Ihr kleiner Kerl so aufgeregt, dass er gar nicht ans Hinsetzen denkt, sondern sofort abgeleint werden will. Schaffen Sie es in dieser Situation nicht, konsequent zu sein, lernt Ihr Hund, dass er ruhig an der Leine Theater machen kann, wenn andere Hunde in der Nähe sind. Denn das hat sich in der Vergangenheit durchaus gelohnt, weil sich die Leine eben löste. Oft heißt es dann: „Eigentlich weiß er ganz genau, dass er nicht so rumspringen soll, aber ...“ Überlegen Sie sich das einmal genauer! Weiß er es wirklich? Durch Ihre Inkonsequenz wurde er nämlich für das unerwünschte Verhalten belohnt. Aus seiner Sicht ist es durchaus richtig, Theater zu machen, wenn ein anderer Hund kommt, denn es lohnt sich. In solch einem Fall hilft es also nichts, wenn Sie es gut mit ihm meinen und ein Auge zudrücken. So etwas führt nur zu Missverständnissen. Seien Sie konsequent, lassen Sie Ihren Hund erst dann von der Leine, wenn er wirklich sitzt. Auch wenn das eine halbe Stunde dauert. Setzt er sich in dieser Situation nicht hin, hat er eben Pech gehabt, dann darf er auch nicht von der Leine.

### EINHALTEN VON REGELN

**Sie müssen dafür sorgen, dass der Hund alle Regeln einhält. Das hat keinen zweifelhaften Dominanzgedanken als Ursache, sondern hilft, eine klare Verständigung zwischen Ihnen und Ihrem Hund aufzubauen. Manche Regeln müssen eben sein und sei es nur aus dem Grund, dass der Hund lernt, mit seiner Frustration umzugehen.**

Solange Joe nicht ruhig sitzt, bleibt die Leine dran. Erst wenn er sich vorbildlich verhält, wird die Leine zur Belohnung gelöst und er darf zu den anderen Hunden.

## Übungen zum Umgang mit Frustration

Alle hier beschriebenen Übungen sollten Sie nur mit Welpen oder Hunden machen, die Sie sehr gut kennen. Auf keinen Fall sollten Sie diese Übungen mit fremden Hunden oder Hunden aus dem Tierheim machen. Bei einem Hund, der nicht gelernt hat, mit Frustration umzugehen, kann dadurch nämlich durchaus aggressives Verhalten ausgelöst werden.

### Tabuzonen schaffen

Suchen Sie sich einen Bereich in der Wohnung aus, der für den Hund tabu ist. Diesen Ort darf der Hund nicht betreten, auch wenn er die Möglichkeit dazu hätte. Sie brauchen den Hund dafür nur jedes Mal wieder zurückzubringen, wenn er die verbotene Grenze überschritten hat. Wieder brauchen Sie nicht zu schimpfen oder den Hund irgendwie zu strafen, sondern Sie müssen einfach nur konsequent sein. Können oder wollen Sie nicht immer ganz so konsequent sein, empfehle ich Ihnen einen Raum, dessen Tür Sie schließen können. Der Abstellraum ist dafür gut geeignet. Die Tür ist sowieso meistens verschlossen, Sie brauchen also nur in den Momenten konsequent zu sein, in denen Sie diese Tür öffnen. Das ist gut durchführbar. Sie und Ihr Hund lernen eine ganze Menge bei dieser Übung. Im Lauf der Zeit können Sie den Anreiz für Ihren Hund, in die Abstellkammer zu wollen, noch steigern, indem Sie sich selbst mal für eine Weile bei geöffneter Tür darin aufhalten. Oder es liegt ein tolles Spielzeug oder Futter auf dem Boden.

Ein Hund, der lange genug an einer solchen Grenze konsequent zurückgehalten wird, wird später auch bei einem noch so großen Anreiz diese Grenze nicht überschreiten.Sehr sinnvolle Tabuzonen sind z.B. auch Blumenbeete. Es ist nämlich durchaus möglich, einen schönen Garten und einen Hund darin zu haben!

**Bei uns fangen die Welpenstunden immer damit an, dass erst alle ruhig an der Leine sein müssen. Dann werden sie von ihren Menschen belohnt. So beugt man vor, dass der Hund ausflippt, wenn er auf einem Spaziergang einem anderen Hund begegnet.**

## Ruhig sein an der Leine

Für diese Übung sollte der Hund anfangs schon etwas müde sein. Sie eignet sich sehr gut für den Anschluss an eine ausgiebige Spielrunde. Nehmen Sie den Hund an die Leine, setzen Sie sich mit einem Buch auf einen Stuhl oder einen Sessel und lesen Sie. Sie brauchen dabei nur mit halbem Auge auf den Hund zu achten. Sobald er sich schön ruhig hinsetzt oder -legt, belohnen Sie ihn, indem Sie ihm Aufmerksamkeit schenken – Fell kraulen, mit ihm reden oder auch Leckerchen geben.

Lassen Sie ihm die Leine nicht zu lang, sodass er kein großes Betätigungsfeld hat und sich nicht selbst Abwechslung verschaffen kann. Ein halber Meter reicht aus.

Hat sich der Hund vorher gut ausgetobt, wird er unter Umständen gar nicht versuchen wegzurennen. Das ist in Ordnung. Auch dann denken Sie bitte daran, den Hund zu belohnen. Oft ist es nämlich leider nur allzu menschlich, dass wir ein angenehmes Verhalten für selbstverständlich nehmen und ignorieren. Bedenken Sie jedoch, dass der kleine Hund lernen soll, dass es genau dieses ruhige Verhalten ist, das sich für ihn lohnt. Wenn er hingegen an der Leine zerrt und Theater macht, wird er nicht beachtet, denn genau das soll sich nicht lohnen. Lesen Sie einfach in Ihrem Buch weiter und bleiben Sie ganz entspannt. Wenn Sie diese Übung schon mit dem Welpen machen, sollte es, egal bei welcher Rasse, keine Probleme bereiten, den Hund kräftemäßig zu halten. Das sieht bei älteren Hunden etwas anders aus. Hier können Sie zur Not den Fuß auf die Leine stellen und auch dann ganz entspannt bleiben.

Sollten Sie einen kleinen Wirbelwind an der Leine haben, dem es überhaupt nicht passt, dass er nicht loskommt, bleiben Sie bitte hart und achten Sie nicht auf ihn. Sobald der Hund sich nur für eine Sekunde ruhig hinlegt, können Sie ihn als Belohnung dafür von der Leine lassen.

Diese Übung sollten Sie immer wieder, ein- bis zweimal täglich trainieren, bis der kleine Hund ohne Probleme 20 bis 30 Minuten entspannt und ruhig liegen bleibt. Es ist eine gute Vorübung, um den Hund überallhin mitnehmen zu können. Auch ein Welpe kann im Restaurant schon ruhig unterm Tisch liegen.

### Mit dem Körper Grenzen setzen

Für diese Übung brauchen Sie einige gute Leckerchen. Ihr Welpe läuft frei, z. B. in der Küche. Sie stehen, werfen ihm ab und zu ein Leckerchen auf den Boden und geben ihm das Kommando „Nimm's“ oder „Für dich“, wenn er sich die Belohnung nehmen darf. Dabei lernt er die Vokabel, die Ihnen später gute Dienste leisten kann.

Wenn Sie dem Hund drei Leckerchen geworfen haben, die er nehmen durfte, werfen Sie das nächste mit einem „Nein“ hinter Ihre Füße. Das darf er jetzt nicht nehmen. Sie blockieren es mit Ihrem Körper. Bei manchen Welpen müssen Sie dafür ganz schön schnell sein. Die werden nämlich versuchen, Sie auszutricksen und irgendwie an das Leckerchen heranzukommen, was Sie aber unter allen Umständen vermeiden müssen. Notfalls können Sie auf das Leckerchen treten. Unter Ihrem Fuß ist es in Sicherheit.

Sie brauchen das „Nein“ nicht zu schreien und auch nicht zu wiederholen. Sagen Sie es ruhig, aber bestimmt und achten Sie darauf, dass Ihr Hund nicht ans Leckerchen kommt!

Zeigt er daraufhin ein wünschenswertes Verhalten, z. B. indem er sich hinsetzt, sagen Sie „Nimm's“ und treten einen Schritt zur Seite, damit er es sich nehmen kann.

**Ein Grenzensetzen mit dem Körper erfordert etwas Geschick, ist aber eine sehr nützliche Übung.**

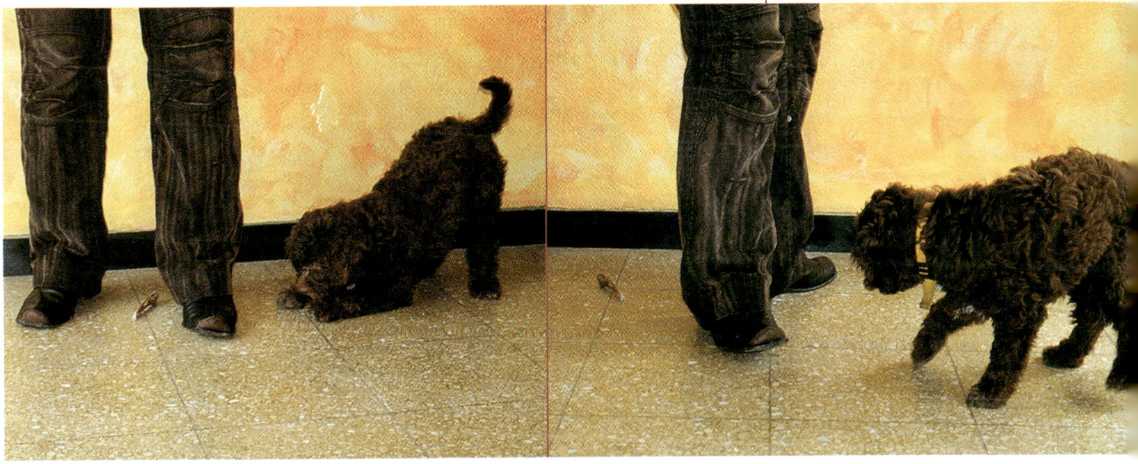

**Auch große Rassen kann man als Welpen noch schön auf den Arm nehmen, was eine sehr nützliche Übung ist.** **1**

**Solange der Welpe zappelt, halten Sie ihn möglichst ruhig und entspannt fest. Er darf mit dem Zappeln keinen Erfolg haben.** **2**

**Erst wenn er sich beruhigt und gut halten lässt, bekommt er ein Leckerchen zur Belohnung und darf wieder hinunter.** **3**

Eine weitere Möglichkeit, dem Hund mit dem Körper Grenzen zu setzen, ist, dass Sie ihn mit Ihren Armen umschließen bzw. ihn richtig festhalten. Machen Sie es ruhig und entspannt. Das Einzige, was sich unter Umständen anspannen darf, sind die Muskeln, die nötig sind, um den Hund zu halten, falls er sich wehrt. Alles andere an Ihnen sollte wirklich extrem entspannt sein. Ich empfehle immer in solchen Momenten an ein schönes gemütliches Bad zu denken. Dann ist man in der richtigen Stimmung. Schließlich sollen Sie dem Welpen vermitteln, dass ihm überhaupt nichts passiert. Und das wird er Ihnen nicht glauben, wenn Sie nervös sind.

Sie denken also an die Badewanne, halten den Hund eine Weile und wenn er schön ruhig hält, lassen Sie ihn wieder laufen. Dehnen Sie auch diese Übung schrittweise so lange aus, bis Sie den Hund fünf Minuten lang halten können.

Sollte er anfangen sich zu wehren, ist es ganz wichtig, dass Sie ihn in diesem Moment nicht loslassen! Erst wenn er sich wieder – wenn auch nur kurzzeitig – entspannt, lassen Sie ihn als Belohnung fürs Ruhigsein frei. Achten Sie beim nächsten Mal darauf, dass Sie ihn nicht zu lange halten.

## Erwünschtes Verhalten belohnen

Die bisherigen Übungen lehren den kleinen Hund, mit Frustrationen umzugehen. Und Sie bekommen ein Gespür dafür, erwünschtes von unerwünschtem Verhalten zu unterscheiden und gezielt das erwünschte Verhalten zu belohnen.

Dazu möchte ich jetzt noch eine Übung mit Ihnen machen. Nehmen Sie sich ein Blatt Papier und schreiben Sie alles darauf, was der Welpe nicht darf. Das ist es nämlich, was vor allem die Hunde immer wieder zu hören bekommen: „Nein, du sollst nicht an den Schuhen knabbern! Nein, du sollst nicht vom Tisch klauen! Nein …“

Machen Sie diese Liste so ausführlich wie möglich. Denken Sie dabei auch an den ausgewachsenen Hund, nicht nur an den Welpen, den Sie jetzt gerade vor sich haben. Am besten erledigen Sie es gleich, um den meisten Nutzen aus dieser Übung zu ziehen.

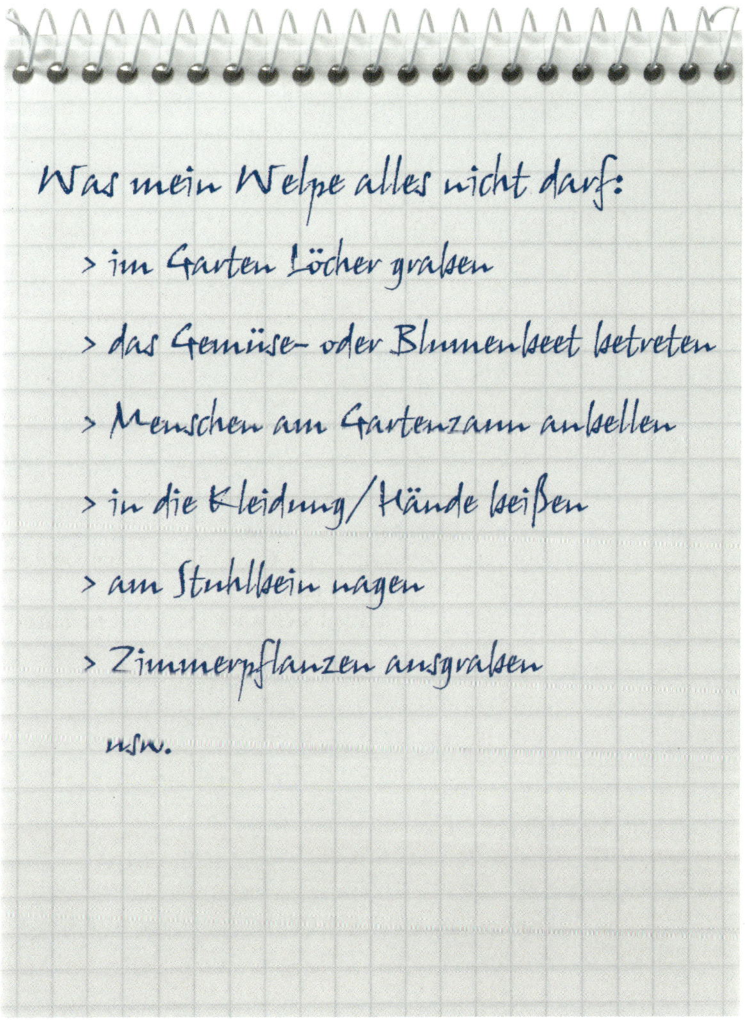

Haben Sie nun eine volle Liste von all dem, was Ihr kleiner Kerl nicht darf? Nehmen Sie sich jetzt zwei neue Blätter. Auf das eine schreiben Sie, was Ihr Hund anstelle der unerwünschten Dinge tun soll. Auf das andere Blatt schreiben Sie, wie Sie den unerwünschten Dingen vorbeugen können.

**Beispiel** Aus „Der Hund soll nicht an den Schuhen knabbern“, wird auf dem einen Blatt: „Der Hund soll an seinem Kauknochen knabbern“, und auf dem anderen: „Ich räume die Schuhe so weg, dass der Hund nicht drankommt.“

Manchmal kann man vielleicht zu einem Punkt nicht auf beide Blätter etwas schreiben, aber das ist auch nicht schlimm. Wichtig ist mir, dass Sie sich noch viel mehr Gedanken über die erwünschten

Es gibt bessere Möglichkeiten als Strafe, dem Hund das Verteidigen seiner Beute abzugewöhnen.

Verhaltensweisen machen. Denn das sind die, die Sie beachten müssen, um den Hund im richtigen Moment belohnen zu können, damit er sich immer öfter so verhält.

Auf der anderen Seite möchte ich, dass Sie sich überlegen, wie Sie bestimmte Sachen einfach vermeiden können.

Beispiel: „Der Hund soll nicht den Mülleimer ausräumen." Das kann er gar nicht, wenn der sich in einem Schrank befindet oder einen Deckel hat, den der Hund nicht öffnen kann. Oft sind es nämlich einfache Managementsachen, die einem weiterhelfen.

Haben Sie auf diese Weise alle Punkte abgearbeitet, nehmen Sie sich am besten den ersten Zettel, auf dem alles steht, was der Hund nicht darf, und verbrennen ihn. Diese Art zu denken sollten Sie sich möglichst abgewöhnen. Wenn Sie nämlich die Dinge positiv formulieren, werden sie Ihnen viel öfter auffallen. Sie belohnen den Hund häufiger und er wird sich immer besser verhalten. Sie bekommen auf diese Art und Weise fast ganz nebenbei einen wohlerzogenen Mitbewohner, ohne dass Sie ihm bestimmte Sachen erst beibringen müssen.

## Strafe

Ohne Strafe geht es nicht. Wer das Gegenteil behauptet, erliegt einer Illusion. Ich behaupte aber, dass Strafe in den meisten Fällen nicht notwendig ist und, dass Strafe in vielen Fällen Tierquälerei ist, weil sie oft nicht richtig angewandt wird. Wir wollen uns also einmal ansehen, was bei der Anwendung von Strafe wichtig ist:

- Die Strafe muss, genau wie die Belohnung, auf die Sekunde erfolgen! Schon zwei Sekunden nach dem unerwünschten Verhalten verknüpft der Hund nicht mehr das, was man eigentlich beabsichtigt hat. Die Strafe ist dann bestenfalls wirkungslos, aber meistens hat sie negative Auswirkungen.

Bei manchen Welpen genügt ein lautes Wort und schon verkriechen sie sich in den letzten Winkel.

- Die Strafe muss immer dem unerwünschten Verhalten folgen! Ist das nicht der Fall, wird das Verhalten, das für den Hund irgendwie belohnend sein muss (sonst würde er es nicht zeigen), variabel belohnt und es ist dann viel schwerer zu unterbinden. Deshalb muss man sich überlegen, ob man wirklich in der Lage und vor allem immer da ist, um ein bestimmtes Verhalten zu bestrafen. Wenn das nicht der Fall ist, sollte man die Finger davon lassen. Man macht sonst mehr falsch als richtig.
- Die Strafe muss hart genug sein, um das unerwünschte Verhalten sofort zu unterbinden. Das ist nun relativ: Bei manchen Hunden reicht ein lautes Wort, bei anderen müsste schon eine Bombe in der Nachbarschaft einschlagen, damit sie von ihrem Tun ablassen. Das ist sehr schwer abzuschätzen. Viele Leute machen leider den Fehler, mit einer leichten Strafe anzufangen, und steigern diese dann allmählich, weil sie nicht wirkt. Damit erreichen sie nur einen Gewöhnungseffekt. Das macht es noch schwerer, das unerwünschte Verhalten zu unterbinden; und möchte man es dennoch auf diese Art machen, braucht man nun eine viel stärkere Strafe, als ursprünglich zum selben Zweck notwendig gewesen wäre.
- Es muss gewährleistet sein, dass die Strafe auch wirklich eine Strafe ist! Oft empfindet der Hund das nämlich ganz anders als wir.
- Die Strafe sollte möglichst so angewendet werden, dass sie für den Hund durch sein Verhalten aus seiner Umgebung erfolgt. Der Hund sollte sie nie mit seinem Menschen in Verbindung bringen, damit das Vertrauen nicht gestört wird. Außerdem lernt er dann nicht, dass man manche Dinge besser nur macht, wenn Frauchen oder Herrchen nicht da sind.
- Gewöhnen Sie sich an, nie den Hund, sondern sein Verhalten zu bestrafen. Das macht einen großen Unterschied! Dafür ist es vor allem wichtig, dass man selbst ruhig ist. Einen Hund aus Zorn zu bestrafen bringt selten mehr, als dass Sie ein Ventil haben, um Ihren Ärger abzulassen.

## DER DIEB

Einem Hund, der vom Tisch klaut, kann man z. B. einen Köder auslegen, der mit ein paar Rappelbüchsen (mit Kieselsteinen gefüllte Getränkedosen) verbunden ist. Beim Klauen gibt es dann auf einmal ein Riesengetöse, wenn die Büchsen auf den Boden fallen. Das sollte den Hund für die Zukunft vom Klauen abhalten. Aus Sicht des Hundes „klaut“ er übrigens nicht. Das, was die ranghöheren Rudelmitglieder übrig lassen, kann man sich ruhig nehmen.

## Unerwünschte Nebenwirkungen von Strafe

Sie sehen also, dass richtiges Strafen gar nicht so einfach ist. Außerdem kann es immer unerwünschte Nebenwirkungen haben.

Dazu möchte ich ein kleines Beispiel schildern: Meine Professorin in England hatte einen Fall, bei dem ein Boxer einen Menschen gebissen hatte und es darum ging, ob er eingeschläfert werden müsse oder nicht. Die Situation war folgende: Ein Geschäftsmann wollte sich ein Taxi anhalten. Genau wie wir uns einen typischen Engländer vorstellen, machte er das mit einer Zeitung, die er zusammengerollt in der Hand hielt. Dabei wurde er gebissen. Die Vorgeschichte des Hundes ergab, dass er mit einer zusammengerollten Zeitung geschlagen wurde, wenn er als Welpe ein Pfützchen in die Wohnung machte. Inzwischen war der Hund einige Jahre alt, aber das hatte er nicht vergessen. An dem Tag an der Straße sah er den Mann mit der Zeitung, mag sich vielleicht gedacht haben: „Du schlägst mich damit nicht!“, und biss zu. Der Hund hatte also die zusammengerollte Zeitung mit Schlägen verknüpft, und aus seiner Sicht war es vollkommen richtig, sich in dem Moment zu wehren.

Das meine ich mit „unerwünschten Nebenwirkungen“. Wir wissen wirklich nie, was der Hund im Moment der Strafe verknüpft.

Deshalb sollte man möglichst darauf verzichten und unerwünschtes Verhalten lieber von vornherein verhindern, indem man vorausschauend handelt.

### Faustregel

***Wenn man eine Strafe öfter als zweimal anwenden muss, um ein bestimmtes Verhalten zu unterdrücken, ist die Strafe falsch angewandt!***

In der Ausbildung selbst hat Strafe nichts verloren. Strafe fördert nämlich in keiner Weise die Motivation zum Lernen, und genau das wollen wir ja. Wenn auch die Kinder an unseren Schulen noch darunter leiden müssen, dass das Bildungssystem zu langsam ist, um alte Strukturen zu verändern, so wollen wir doch wenigstens unseren Hunden schon eine bessere Ausbildung gönnen. Ein Hund, der sich nicht so verhält wie wir es gern möchten, weiß entweder nicht, was wir von ihm wollen (was sehr häufig der Fall ist) oder ist nicht genügend motiviert, was es dann zu ändern gilt.

**In der Welpenzeit gibt es viel zu lernen.**

## Aufbau der Übungen

Im Folgenden möchte ich die einzelnen Übungen schrittweise vorstellen. Denken Sie daran, dass alles ein Spiel sein soll, und bedenken Sie auch, dass sich ein Welpe noch nicht lange konzentrieren kann. Wenn Sie mit einem acht Wochen alten Welpen fünfmal am Tag zwei Minuten üben, machen Sie sehr, sehr viel. Es ist auf alle Fälle besser, häufiger kurz zu üben als am Stück zu lange. Man kann nicht generell sagen, was zu lang ist. Das hängt einmal vom einzelnen Welpen ab und davon, wie Sie es schaffen, wirklich ein Spiel aus allen Übungen zu machen.

Die Übungseinheit war auf alle Fälle zu lang, wenn der Welpe die Lust verliert. So wie beim Spielen mit einem Spielzeug sollten Sie auch hier aufhören, wenn es am schönsten ist. Dann kann der Welpe die nächste Übungs- bzw. Spieleinheit schon gar nicht mehr abwarten. Außerdem werden Sie erstaunt sein, wie schnell die kleinen Kerlchen lernen!

Schön ist es natürlich, wenn Sie diese Übungen unter Anleitung in einer gut geführten Welpenschule machen können. Wichtiger ist aber, dass Sie beginnen, sobald der Welpe zu Ihnen kommt, und nicht erst kostbare Zeit verstreichen lassen. Sonst halten Sie sich einfach an die hier angegebenen Übungsschritte. Wenn Sie die Übungen als Spiel aufbauen, nur wenige Minuten am Stück üben und vor allem den Welpen während des Übens nicht strafen, können Sie eigentlich nichts falsch machen. Also nur ran! Letztendlich geht es darum, eine Verständigung mit Ihrem Welpen aufzubauen.

Die einzelnen Übungen sind in Schritte unterteilt. Gehen Sie bitte erst zum nächsten Schritt über, wenn der vorhergehende gut klappt.

Wählen Sie sich zum Üben eine Übungsecke in der Wohnung. Solange nichts anderes bei den Übungen erwähnt ist, sollten Sie die Schritte in dieser Übungsecke durchführen. Wenn Sie dorthin mit Ihrem Welpen gehen, weiß er, dass nun etwas Interessantes kommt.

### Wichtig

*Zeichen, die Ihnen anzeigen, dass Sie dem Welpen im Moment zu viel zumuten, sind z. B. Gähnen oder Sich-Kratzen. Zeigt der Welpe solche Verhaltensweisen, beenden Sie die Übungseinheit vorsichtshalber mit einer einfachen Aufgabe.*

### Tipp

***Trainingstagebuch***

*Es ist sehr sinnvoll, ein Trainingstagebuch zu führen. Dann können Sie die Fortschritte des Welpen gut verfolgen und wissen immer, bei welchem Übungsschritt Sie sich in den unterschiedlichen Aufgaben befinden.*

Solange Lea die Zähne einsetzt bekommt sie nichts, auch wenn sie es zusätzlich noch mit der Pfote versucht.

## Leckerchen vorsichtig nehmen

Für den Anfang eignen sich Leckerchen in der Ausbildung am besten. Daher werden sie in den folgenden Übungen als Beispiel genommen. Sie wissen ja inzwischen, dass Sie den Hund mit allem belohnen können, was er gern mag, und dass Sie auch variieren können, um noch mehr Abwechslung zu schaffen.

Da Sie also dem Hund in nächster Zeit häufiger Leckerchen geben werden, ist es sehr sinnvoll, die Regel einzuführen: „Nimm das Leckerchen vorsichtig, ohne dass deine Zähne meine Finger berühren!"

Manche jungen Hunde benehmen sich nämlich wie Piranhas, was einem die Lust am Leckerchengeben ganz schön verderben kann. Eine Möglichkeit ist, dann das Futter jeweils auf den Boden zu werfen, eine andere, dass der Hund die oben genannte Regel lernt. Damit tun Sie auch allen anderen Leuten einen Gefallen, die Ihren Hund mal füttern wollen. Wieder gilt – wie bei so vielem – dass der Welpe diese Regel meist sehr schnell lernt und dass die Übung für Sie relativ leicht durchzuführen ist. Hat man erst einmal einen erwachsenen Schäferhund-Piranha, geht das auch noch, aber längst nicht mehr so einfach.

Sie nehmen sich also Ihren Welpen und ein gutes Leckerchen. Je besser die Leckerchen, desto gieriger sind die Hunde normalerweise.

Halten Sie dem Hund das Leckerchen hin, bedecken Sie es aber mit Daumen, Zeige- und Mittelfinger. Nähert er sich vorsichtig mit der Zunge, geben Sie das Futter her. Benutzt er aber seine Zähne, halten Sie es fest. Er darf es dann nicht bekommen. Unter Umständen müssen Sie anfangs etwas die Zähne zusammenbeißen, das ist bei einem Welpen aber durchaus erträglich. Nach wenigen Wiederholungen wird er nämlich verstanden haben, dass er nicht an das Leckerchen kommt, auch wenn er es noch so sehr mit den Zähnen versucht. Nimmt er aber seine Zunge, geht es ganz einfach. Auch wenn er sein Maul etwas zurücknimmt und eben nicht nach dem Futter grabscht, wird es ihm schnell ins Maul geschoben. Innerhalb kurzer Zeit ist die Regel verstanden und Sie brauchen nie mehr Angst um Ihre Finger zu haben.

## Gut gemacht

Je klarer wir in der Verständigung sind, desto schneller kann der Welpe lernen. Es ist wichtig, dass er genau in dem Moment, in dem er das gewünschte Verhalten zeigt, auch dafür belohnt wird. Zu diesem Zweck ist es am sinnvollsten, ein eigenes Signal einzuführen. Das sollte kurz und knapp sein, vom Hund leicht wahrnehmbar und einfach bedeuten: „Das, was du gerade im Augenblick gemacht hast, war toll. Dafür bekommst du eine Belohnung!"

Ein solches Signal ermöglicht es uns, wirklich gut im Timing zu werden. Auch der Mensch muss in der Hundeausbildung einiges lernen und es ist anfangs gar nicht so einfach, seine eigenen Hände, die Leine und die Leckerchen zu sortieren und dann noch auf den Hund zu achten. Ein solches „Markersignal" hilft am Anfang, sich auf das Wesentliche zu konzentrieren.

### SIGNAL FÜR „GUT GEMACHT"

Als Signal empfehle ich Ihnen einen Clicker, es kann zur Not aber auch ein Wort sein, bei tauben Hunden auch ein Sichtzeichen oder eine Berührung, je nach Entfernung. Ich beschreibe hier für den Clicker, was für andere Signale entsprechend gilt. Für den Clicker gilt noch speziell, dass er für die empfindlichen Welpenohren oft recht laut ist. Clicken Sie daher am besten in der Jackentasche, damit der Hund sich nicht erschreckt.

Mit fortgeschrittener Ausbildung sowohl des Menschen als auch des Hundes vereinfacht ein solches Markersignal die weitere Ausbildung und die Kommunikation dermaßen, dass es immer wieder erstaunlich ist, wie schnell die Hunde lernen, wenn wir ihnen nur richtig vermitteln, was wir von ihnen wollen.

**Schritt 1** Der Welpe lernt das Signal „Gut gemacht". Da wir ihm schlecht sagen können: „Immer wenn dieses Signal kommt, hast du etwas toll gemacht und bekommst dafür eine Belohnung", müssen wir es ihm auf eine andere Weise erklären. Nehmen Sie sich wirklich gute (kleine!) Leckerchen. Zeigen Sie sie beim ersten Mal dem Hund kurz, damit er sich dafür interessiert. Wenn Sie seine Aufmerksamkeit haben, clicken Sie und geben dann sofort ein Leckerchen. Wiederholen Sie das etwa zehnmal. Immer zuerst clicken, dann das Leckerchen geben. Achten Sie dabei auch wieder darauf, dass der Welpe das Futter freundlich nimmt. Wiederholen Sie diesen Schritt dreimal im Abstand von zehn Minuten.

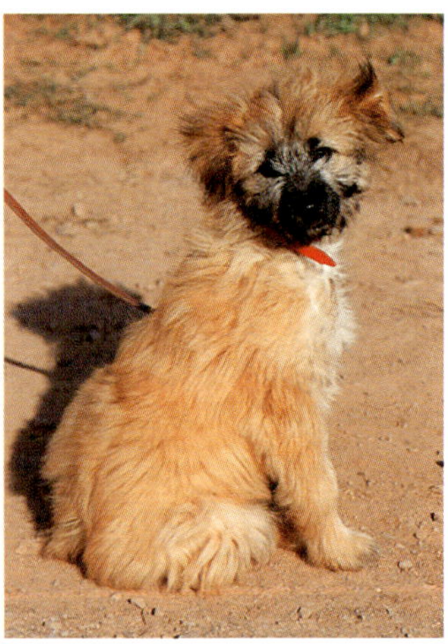

**Schritt 2** Jetzt machen Sie dasselbe wie oben beschrieben, werfen das Leckerchen jedoch nach jedem Click auf den Boden. Wenn Sie den Hund aus irgendwelchen Gründen nicht vom Boden füttern wollen, können Sie es auch in eine Futterschüssel werfen. Auch das sollten Sie wieder etwa zehnmal durchführen. Ich empfehle immer, zehn Leckerchen in die Hand zu nehmen. Dann braucht man während der Übung nicht mitzuzählen. Außerdem haben Sie ein gutes Maß für die Länge Ihrer Trainingseinheit. Nach zehn Clicks sollten Sie eine Pause von mindestens zehn Minuten machen.

Gegen Ende dieser zehn Clicks clicken Sie einmal, wenn der Hund gerade mit dem Fressen fertig ist, noch bevor er sich Ihnen wieder zugewandt hat. Wenn er auf das Click hin sofort zu Ihnen schaut, sind Sie für den nächsten Schritt bereit. Ansonsten wiederholen Sie diesen Übungsschritt bitte noch einmal.

## WEITERES VORGEHEN

Immer wenn ich im Folgenden von „Belohnen" rede, meine ich, dass Sie im richtigen Moment clicken bzw. das Lobwort sagen sollen und dann anschließend die eigentliche Belohnung (Leckerchen, Spielzeug usw.) für den Hund kommen soll.

**Schritt 3** Diesen Schritt führen Sie nach folgendem Schema durch:
Click – Leckerchen aus der Hand
Click – Leckerchen aus der Hand, nachdem Sie bis 3 gezählt haben
Click – Leckerchen auf den Boden
Click – Leckerchen auf den Boden, nachdem Sie bis 3 gezählt haben
Click – tolles Zerrspiel.

Dasselbe wiederholen Sie dann noch einmal. Jetzt sollte der Hund die Bedeutung des Clickers verstanden haben, nämlich, dass jedem Click etwas Tolles folgt, auch wenn es erst ein paar Sekunden später eintritt.

„Gut gemacht" ist eine der wenigen Aufgaben, die Sie eigentlich nie mehr speziell wiederholen müssen, weil sie sowieso in jeder Übung, in der Sie mit Clicker arbeiten, wieder aufgefrischt wird.

Die Aufmerksamkeit des Hundes ist die Voraussetzung für eine Ausbildung. Trainieren Sie die Aufmerksamkeit, zunächst in reizarmer Umgebung, dann an anderen Stellen mit steigender Ablenkung.

## Aufmerksamkeit

Ohne die Aufmerksamkeit des Welpen können wir ihm nur schwer etwas beibringen. Sie ist die Grundvoraussetzung für jegliches Training. Außerdem ist es eine schöne Übung, die Konzentrationsfähigkeit des Hundes zu trainieren.

**Schritt 1** Nehmen Sie jeweils eines Ihrer zehn Leckerchen zwischen Daumen, Zeige- und Mittelfinger. Halten Sie die Hand so vor Ihr Gesicht. Wenn der Welpe schaut, gibt es einen Click und dann das Leckerchen. Wiederholen Sie das fünfmal. Für die nächsten fünf Leckerchen dieser Übungseinheit machen Sie dasselbe ohne Leckerchen zwischen Daumen, Zeige- und Mittelfinger. Halten Sie die Hand aber genauso, als ob eins da wäre. Das ist unser Trainingssichtzeichen, das Sie entweder auch weiterhin beibehalten oder durch ein anderes ersetzen können. Nach dem Click gibt es aber auch jetzt wieder das Leckerchen, das Sie aus der Tasche oder vom Tisch nehmen.

**Schritt 2** Ohne Leckerchen in der Hand, aber mit derselben Handhaltung wie zuvor, wiederholen Sie diese Übung, wobei Sie die Zeit langsam und im Durchschnitt auf fünf Sekunden ausdehnen. Im Durchschnitt bedeutet dies, dass Sie z. B. die zehn Leckerchen nach folgendem Schema vergeben: sofort – nach einer Sekunde – nach zwei Sekunden – sofort – nach zwei Sekunden – nach einer Sekunde – nach drei Sekunden – nach vier Sekunden – nach zwei Sekunden – nach fünf Sekunden.

„Schau her“ kann man sehr gut mit einem Leckerchen üben, indem man es zwischen seine und die Augen des Hundes hält.

Wichtig bei dieser Übung ist, dass das Click immer dann folgt, wenn der Welpe noch herschaut. Das ist Ihre Aufgabe. Wendet er also mal den Blick ab, bevor Sie geclickt haben, dann waren Sie zu langsam und müssten die Zeitspanne etwas kürzer wählen!

Gehen Sie erst zum nächsten Schritt über, wenn der Welpe ohne Ablenkung schon sicher fünf Sekunden schauen kann.

**Schritt 3** Als Nächstes führen wir die zu diesem Verhalten gehörende Vokabel ein oder mit anderen Worten: das Hörzeichen. Sie können wählen, was Sie wollen, z. B. „Guck mal“, „Schau“ oder was auch immer. Sie können ein beliebiges Wort wählen oder vielleicht auch ein Geräusch mit den Lippen machen. Nur wenn Sie sich für eines entschieden haben, ist es wichtig, auch dabei zu bleiben.

Jetzt geben Sie das neue Hörzeichen, z. B. „Schau“, zählen im Kopf „einundzwanzig“ und geben dann das Trainingssichtzeichen. Das Trainingssichtzeichen sollte der Hund ja schon verstehen, sonst gehen Sie noch mal einen oder zwei Schritte in der Ausbildung zurück. Wiederholen Sie diese Abfolge so lange, bis der Welpe schon aufgrund des neuen Wortes schaut. Sie können ihm zwischendurch auch mal ruhig drei Sekunden oder länger Zeit zum Überlegen geben. Gehen Sie erst zum nächsten Schritt über, wenn der Hund in mindestens acht von zehn Versuchen direkt auf das Wort mit der Aufmerksamkeit bei Ihnen ist, ohne dass Sie ihn per Trainingssichtzeichen an die Wortbedeutung erinnern müssen.

**Schritt 4** Jetzt hat der Hund die Vokabel für die Aufmerksamkeit kennen gelernt. Nun gilt es, diese Vokabel zu festigen, so ähnlich wie auch wir eine fremde Sprache lernen würden. Wissen wir einmal, was das Wort heißt, müssen wir es durch etliche Wiederholungen noch in unserem Gedächtnis verankern. Geben Sie also bei

## Tipp

*Auf Seite 151 finden Sie eine Tabelle, in die Sie sich Ihre Hör- und Sichtzeichen eintragen können, damit Sie sie nicht vergessen und damit sich auch jeder aus der Familie daran hält. Am besten kopieren Sie die Seite, hängen Sie an einen übersichtlichen Platz und stecken sich eine Version in die Hundejacke, damit Sie sie auf Spaziergängen immer bei sich haben.*

## JAGD- UND HÜTEHUNDE

Besonders Besitzern von Jagd- oder Hütehundrassen empfehle ich dieses Training sehr häufig an solchen Stellen zu machen, wo es etwas Jagdbares gibt, also dort, wo es viel Wild gibt, an der Schafskoppel, am Fahrradweg oder im Tierpark. Bitte haben Sie dazu den Hund an einer langen Leine, sodass er Ihnen nicht ausbüchsen kann. Gerade bei solchen Hunden sollten Sie dafür sorgen, dass sie im ersten Lebensjahr kein Jagderlebnis haben. Lassen Sie den Hund also wirklich nur dort von der Leine, wo es absolut übersichtlich ist. Es ist viel leichter, das Jagen von vornherein zu unterdrücken bzw. in andere Bahnen zu lenken, als es dem Hund später abzugewöhnen. Zögern Sie bitte auch nicht, sich an professionelle Hilfe zu wenden, falls Sie feststellen, dass Sie es nicht schaffen, die Aufmerksamkeit des Hundes in solchen Situationen zu bekommen.

sämtlichen Gelegenheiten das Hörzeichen „Schau". Achten Sie anfangs darauf, dass der Hund nicht zu sehr abgelenkt ist. In neun von zehn Fällen sollte er auch auf das Hörzeichen hin schauen, sonst war die Übung zu schwer.

**Schritt 5** Steigern Sie die Länge, die Ihr Hund Sie anschauen soll, nach und nach wieder auf zehn Sekunden.

Mit dieser Übung legen Sie in Sachen Aufmerksamkeit eine gute Grundlage, um den Hund konzentriert an die anderen Übungen heranführen zu können. Im Laufe der Ausbildung wird sie mit jeder Übung trainiert und damit auch immer weiter gesteigert.

**Auch in außergewöhnlichen Situationen kann man die Aufmerksamkeit seines Hundes bekommen!**

## Komm

„Komm“ ist meiner Meinung nach eine der wichtigsten Übungen, die ein Hund können sollte. Schließlich gibt es nichts Schöneres, als einen gut gehorchenden Hund frei laufen zu lassen und sich darauf verlassen zu können, dass er auch in brenzligen Situationen kommt, sobald man ihn ruft. Es ist aber auch die Übung, mit der viele Hundehalter ihre Probleme haben. Wenn Sie es jedoch schon vom ersten Tag an richtig trainieren und ein paar Regeln dazu beachten, ist es eigentlich relativ einfach, später einen Hund zu haben, der, auch in Situationen mit einiger Ablenkung, sofort kommt, wenn er gerufen wird.

**Wichtig**

***Rufen Sie den Welpen immer nur einmal! Das ist ganz wichtig! Es gilt übrigens für alle Kommandos, weil der kleine Hund lernen soll, sofort auf einen Befehl zu reagieren.***

### Regeln zu „Komm“

Denken Sie daran, dass der Hund nur dann die Vokabel lernen kann, wenn sie auch unmittelbar mit seinem Tun zusammenhängt. Anfangs sollten Sie den Hund also nur rufen, wenn er sowieso schon auf Sie zugelaufen kommt. Sehr gut eignet sich hierfür das Füttern. Wenn Sie das Futter zubereiten, wird der kleine Hund dies schnell merken und angelaufen kommen. In diesem Moment rufen Sie ihn mit super aufmunternder Stimme. Entscheiden Sie sich wieder für ein Hörzeichen, z. B. „Komm“, „Zu mir“ oder „Hier“. Ihr Hörzeichen kann natürlich auch ein Pfiff sein. Wichtig ist nur, dass Sie es konsequent beibehalten.

Sorgen Sie dafür, dass nach jedem Rufen etwas Tolles passiert! Loben Sie ihn in den höchsten Tönen. Nehmen Sie das bitte wörtlich. Viele Welpen finden es richtig toll, wenn man mit ihnen herumquietscht. Geben Sie ihm ein gutes Leckerchen, ein schönes Spiel oder was auch immer. Auf alle Fälle muss es für den Welpen etwas ganz Tolles sein.

Vermeiden Sie es, den Welpen zu etwas Unangenehmen zu rufen. Am besten schreiben Sie sich auf, was Ihr Welpe alles nicht mag, z. B. angeleint oder gebadet zu werden. Zu einer solchen Maßnahme sollten Sie ihn also nicht rufen, sondern einfach hingehen und ihn nehmen. Dieses „einfach nehmen“ ist natürlich viel leichter, solange der Welpe noch wirklich klein ist. Je früher Sie also mit dem Training anfangen, umso besser.

Außerdem kann man jetzt noch die Gegebenheit nutzen, dass die Welpen sowieso folgen und kommen. Verwechseln Sie das bitte nicht damit, dass er die Übung schon beherrscht. Dieses Folgen ist sozusagen bei den Kleinen angeboren. Je älter und selbstständiger der Hund wird, desto mehr verschwindet es. Besonders intensiv sollte daher in dieser Zeit der Rückruf mit besonders selbstständigen Rassen geübt werden. Wegen dieser Fehlannahme nutzen leider viele Hundehalter diese wichtige Zeit nicht und haben später mit dem Rückruf ihre Probleme.

## Übung Schritt für Schritt

**Schritt 1** Lassen Sie Ihren Welpen eine Woche lang die Vokabel für das „Komm“ lernen. Nutzen Sie dafür jede Gelegenheit, wenn er auf Sie zugelaufen kommt. Das sollte mindestens zehn bis fünfzehn mal am Tag geübt werden. Wenn sich Ihnen nicht so viele Gelegenheiten bieten, müssen Sie sie eben stellen, indem Sie einfach einige Schritte vom Hund weglaufen. Dann wird er Ihnen schon nachkommen. Loben Sie Ihren Welpen jedes Mal ganz besonders.

**Schritt 2** Haben Sie dem Welpen schon etwa 50- bis 60-Mal die Gelegenheit gegeben, das Hörzeichen zu lernen, überprüfen Sie einmal, ob er es schon verstanden hat. Sobald er in der Wohnung mit seiner Aufmerksamkeit nicht bei Ihnen ist, rufen Sie ihn. Kommt er sofort angelaufen, sind Sie reif für den nächsten Schritt. Ansonsten wiederholen Sie Schritt 1 noch eine Weile. Im zweiten Schritt geht es darum, den Hund jetzt ohne Ablenkung zu rufen. Im ersten Schritt haben Sie den Hund ja gerufen, wenn er sowieso schon kam. Jetzt rufen Sie ihn vorher. Er sollte nur nicht zu stark mit etwas Anderem beschäftigt sein. Machen Sie auch das insgesamt wieder an die 50-Mal. Gut eignen sich dafür Rufspiele, wobei der Welpe jeweils von einem Familienmitglied zum anderen gerufen wird. Je jünger der Welpe, desto kleiner sollte der Abstand zwischen den einzelnen Personen sein.

**Schritt 3** Nun soll der Welpe lernen, dass er wirklich sofort kommt, wenn er gerufen wird. Auch das sollte möglichst noch ohne Ablenkung passieren. In der Wohnung und auf dem Spaziergang rufen Sie Ihren kleinen Vierbeiner. Wenn er nicht sofort kommt, verschwinden Sie. Sie gehen also in ein anderes Zimmer oder verstecken sich draußen hinter einem Baum oder sonst irgendwo. Das ist für den Welpen eine sehr unangenehme Erfahrung, die er schnell zu vermeiden versuchen wird. Außerdem ist die

**Anfangs geben Sie dem Welpen immer dann das Hörzeichen „Komm“, wenn er sowieso auf Sie zugelaufen kommt. Ist er bei Ihnen, folgt natürlich eine große Belohnung.**

Tommy wird von einem zum anderen gerufen und hat sehr viel Spaß dabei. 1

Bei einem solchen Spiel können auch die Menschen einen kleinen Wettkampf machen: Wer schafft es, den Hund am besten zu motivieren? 2

Hier läuft Tommy in beide Richtungen gleich motiviert, obwohl Frauchen sich dafür etwas mehr anstrengen muss. 3

Belohnung, wenn er Sie dann gefunden hat, wahnsinnig groß. Wenn Ihr Hund auch in den nächsten Übungsschritten nicht sofort kommt, reagieren Sie darauf möglichst durch Weglaufen. Lassen Sie sich nur nicht dazu verleiten, dem Hund hinterherzulaufen. Sonst läuft er für dieses tolle Spiel demnächst nämlich extra weg.

**Schritt 4** Als Nächstes geht es darum, die Übung „Komm" unter Ablenkung zu trainieren. Erstellen Sie dazu zunächst eine Liste, was Ihren Hund alles davon ablenken könnte, zu Ihnen zu kommen, wenn Sie ihn rufen: ein durch die Luft wehendes Blatt, ein anderer Hund usw. Versuchen Sie dann, diese Ereignisse in etwa nach ihrer Reizintensität zu ordnen: wenig ablenkend ist z. B. ein vorbeifahrendes Auto, am stärksten ablenkend ist eine weglaufende Katze. Diese Reihenfolge wird für jeden Hund unterschiedlich sein. Teilen Sie die Ereignisse in „Leichte Ablenkung", „Mittlere Ablenkung" und „Starke Ablenkung" ein. Wenn wir von jetzt an an den Ablenkungen arbeiten, steigern Sie diese bitte entsprechend Ihrer Liste, und nicht unbedingt so, wie ich es hier beispielhaft vorgebe.

Der Hund sollte neun- von zehnmal kommen, wenn Sie ihn rufen, sonst war die Ablenkung noch zu stark. Bei dem einen Mal, wo es nicht erfolgreich klappt, denken Sie daran, sich schnell und unauffällig zu entfernen.

Der Hund sollte mindestens 50-Mal unter leichter Ablenkung das Hörzeichen „Komm" befolgt haben, bevor Sie zum nächsten Schritt übergehen. Das hört sich immer sehr viel an. Man schafft es aber locker, den Hund zwanzig Mal am Tag zu rufen.

**Schritt 5** Jetzt üben Sie das „Komm" unter mittlerer Ablenkung. Optimal ist es, wenn man die Ablenkung unter Kontrolle hat. Eine gute Möglichkeit, kontrollierte Ablenkung in die Übung einzubauen, ist folgende: Bitten Sie eine Hilfsperson, mit dem Hund zu spielen. Wenn Sie dann rufen, soll die Hilfsperson das Spiel sofort abbrechen. Wiederholen Sie diese Übung so lange, bis ein Abbrechen vonseiten der Hilfsperson gar nicht mehr nötig ist, sondern der Hund trotzdem zu Ihnen kommt. Denken Sie daran, dass Sie ihm ein besseres Spiel als die Hilfsperson bieten müssen, damit Sie ihm auch wirklich eine Belohnung bieten können.

**Timmy kam nicht sofort auf Rückruf, worauf sich seine Familie im hohen Gras versteckt. Timmy erschreckt zunächst, ist dann glücklich als er alle wiederfindet und wird beim nächsten Mal bestimmt besser aufpassen, wenn er gerufen wird.**

**Den Welpen durch eine Röhre zu rufen, bietet Abwechslung und eine schöne Herausforderung beim Training des „Komm".**

**Wichtig**

*Üben Sie das „Komm" auch auf Spaziergängen immer wieder zwischendurch und nicht nur dann, wenn es nach Hause geht. Dasselbe gilt für das Abrufen aus dem Spiel. Bedeutet dies immer, dass damit das Spiel vorbei ist, wird der Hund bald nicht mehr kommen, wenn Sie ihn rufen.*

**Schritt 6** Wenn der Hund auch unter mittlerer Ablenkung schon sehr gut kommt (mindestens neun von zehn Mal), dann können Sie sich auch an die starke Ablenkung heranwagen. Wichtig ist, dass Sie sich entweder nahezu hundertprozentig sicher sind, dass der Hund auch kommen wird, wenn Sie ihn rufen, oder dass Sie sein Kommen z. B. mit einer langen Leine sicherstellen können.

Vermeiden Sie es, den Hund zu rufen, wenn die Chancen, dass er kommt, sehr gering sind. Misserfolge sollten weitgehend vermieden werden. Denn mit jedem Mal, das der Hund trotz Rufen wegläuft, trainiert er genau das.

Je nachdem wie stark die Bindung zu Ihnen noch oder schon ist, können Sie auch wieder das Weggehen einsetzen. Wenn Sie das „Komm" allerdings schon von Anfang an wie beschrieben üben, wird Ihr Hund auch unter starker Ablenkung bald sicher kommen.

Es ist sehr sinnvoll, unter starker Ablenkung zu trainieren, wenn Sie diese zugleich als Belohnung einsetzen können. Wenn Sie also den Hund zuerst an langer Leine mit seinem Artgenossen spielen lassen, ihn dann zu sich rufen und als Belohnung die Leine abmachen, haben Sie die im Moment schönste Belohnung für das Kommen gegeben.

## Beißhemmung

Beim Erlernen der Beißhemmung lernt der Hund zwar kein Kommando, jedoch lernt er hier eine lebenswichtige Übung. Diese Übung kommt leider in den allermeisten Fällen noch viel zu kurz. Dabei ist dies etwas, was eigentlich jeder Hund dringend lernen sollte, selbst wenn er sonst gar nichts lernt.

## Was ist Beißhemmung und warum ist sie so wichtig?

Alle Hunde können in die Situation kommen, dass sie beißen, selbst die nettesten. Stellen Sie sich nur mal vor, Sie klemmen den Schwanz des Hundes in die Autotür und er äußert seinen Schmerz durch Beißen. Und alle Hunde haben ganz gehörige Waffen im Maul, selbst die kleinsten. Daher müssen sie lernen, mit diesen Waffen umzugehen.

Den Anfang dieses Trainings übernehmen die Geschwisterwelpen. Immer wenn einer zu fest zubeißt, unterbricht der Gebissene entweder das Spiel oder er beißt zurück. Beides ist sehr unangenehm. Daher wird der Welpe schnell lernen, seine Zähne vorsichtiger einzusetzen.

Wir Menschen müssen dieses Training unbedingt weiterführen! Ein Hund ohne Beißhemmung ist ein gefährlicher Hund. Egal wie lieb oder wie klein er auch ist – wenn sein Biss nicht gehemmt ist, kann er böse Verletzungen verursachen. Besonders gefährlich finde ich gerade die netten Hunde ohne Beißhemmung. Bei nicht so netten Exemplaren ist man nämlich von vornherein etwas vorsichtiger. Aber wie gesagt: Selbst der netteste Hund kann in eine Situation kommen, in der er sich bedroht fühlt und sich wehren möchte. Hat er eine gute Beißhemmung, bedeutet das, dass er ein Abwehrschnappen zeigt, wobei noch nicht einmal ein Zahn die Haut berühren muss. Beißt er ungehemmt, können, je nach Lokalisation des Bisses, lebensgefährliche Verletzungen entstehen.

Ganz kritisch sind in dieser Hinsicht die hauptsächlich von Männern so gern gespielten Bolzspiele mit dem Hund. Dabei wird mit dem Hund gekämpft, dass es für Außenstehende teilweise erschreckend aussieht und sich auch so anhört. Das Gefährliche an einem solchen Spiel ist noch nicht einmal das Wilde. Das darf gern sein, wenn man Spaß daran hat und das Ganze unter Kontrolle bleibt.

**Nach dem Abschied von den Wurfgeschwistern sollten die Welpen in einer gut geführten Welpengruppe die Gelegenheit bekommen, an der Beißhemmung zu arbeiten.**

**Achten Sie beim Siel mit dem Welpen darauf, dass er möglichst nicht in menschliche Haut beißt. Besser wäre ein Spielzeug, in das er stattdessen beißen darf.**

Das Gefährliche ist aber, dass die Hunde meist ziemlich fest in Arme oder Hände beißen dürfen. Ich hatte einmal eine Frau mit einem jungen Schäferhund im Kurs, deren Unterarme blau waren! Aber der Hund beißt nicht! (Ausnahmen bestätigen mal wieder die Regel. Es sind durchaus nicht nur Männer, für die das jetzt Gesagte gilt.) Das hat der Hund als Spiel kennen gelernt. Jetzt stellen Sie sich vor, ein solcher Hund kommt in die Situation, dass er ernst machen muss. Dann muss er noch fester zupacken, um den Unterschied zu zeigen. Das bedeutet dann aber, dass ein großes Loch im Arm (oder wo auch immer) ist.

Hat der Hund jedoch gelernt, dass Menschen eine sehr empfindliche Haut haben, die er nicht einmal im Spiel berühren darf, dann wird er auch im Ernstfall vorsichtiger sein und wahrscheinlich keine Verletzung verursachen.

Und daher ist das Training zur Beißhemmung für jeden Hund ein absolutes Muss! Wer das nicht für nötig hält, müsste dieselben Konsequenzen zu spüren bekommen wie die vielen Hundehalter mit Hunden auf irgendwelchen zweifelhaften und nichts sagenden Rasselisten leider zurzeit völlig zu unrecht. Denn Hunde ohne Beißhemmung sind wirklich gefährlich.

## Training der Beißhemmung

Um die Beißhemmung zu trainieren, sollten Sie immer, wenn der junge Hund zuschnappt, „Aua“ schreien und das Spiel kurz unterbrechen, indem Sie sich wegdrehen und dem Hund damit die Aufmerksamkeit entziehen. Mit „zuschnappen“ meine ich, dass ein Zahn die Haut oder Kleidung berührt. Es muss also nicht fest sein. Bieten Sie dem Hund nach der kurzen Unterbrechung als Ersatz ein Zerrspielzeug an, in das er hineinbeißen darf. Die meisten jungen Hunde lernen auf diese Art und Weise sehr schnell, dass der Mensch eben sehr empfindlich ist.

**Auch Kleidung sollte für den Hund zum Reinbeißen tabu sein!**

Manche scheinen das aber auch misszuverstehen und denken, dass dieses Verhalten zum Spiel gehört, woraufhin sie meist noch intensiver zubeißen. Bei solchen Hunden hilft es, nach dem „Aua" den Raum zu verlassen und sie eine Minute allein zu lassen. Mehr ist nicht nötig. Sehr sinnvoll ist es auch, diese Übung im Zimmerzwinger durchzuführen. Dann können Sie einfach nach dem „Aua" hinausgehen, falls es sich um eine Art Laufstall handelt, der oben offen ist. Wichtig ist auch hier, dem Hund eine Alternative zu bieten. Und wichtig ist es, ihm sehr viele Gelegenheiten zu geben, die Beißhemmung zu trainieren. Je öfter er die Erfahrung macht, dass nach dem Zubeißen das schöne Spiel leider vorbei ist, desto eher wird er lernen, seine Zähne kontrolliert einzusetzen.

Vermeiden Sie es, mit dem Hund zu schimpfen oder nach ihm zu schlagen. Erstens sind Sie meist zu langsam und zweitens sieht der Hund auch das als ein schönes raues Spiel an, wie die Hunde es auch gern untereinander spielen. Es wird sein Verhalten letztendlich nur verstärken, d.h., er wird noch lieber zubeißen und immer geschickter darin werden, sich nicht erwischen zu lassen. Das, was wir Menschen als Strafe empfinden, sieht der Hund meist anders.

## Wichtig

*Wenn ein Welpe im Alter von vierzehn Wochen noch nicht gelernt hat, seine Zähne mit Gefühl einzusetzen bzw. dass die menschliche Haut sowieso für Zähne tabu ist, ist das ein verhaltenstherapeutischer Notfall! Zögern Sie nicht, in dem Fall fachkundige Hilfe in Anspruch zu nehmen!*

### Auftretende Schwierigkeiten

Etwas vorsichtiger muss man mit dem Training sein, wenn kleinere Kinder mit im Haushalt wohnen. An denen herumzuknabbern, finden die Welpen nämlich oft ganz toll. Sie sollten Hund und Kind also nur unter Aufsicht zusammen lassen, damit Sie das Spiel abbrechen können, wenn der Hund zubeißt. Etwas ältere Kinder, so ab vier bis fünf Jahre, können auch lernen, sich in der Situation richtig zu verhalten, unter Umständen mit Ihrer Hilfe, je nach Größe des Hundes.

Schwieriger ist das Trainieren der Beißhemmung bei Welpen, die nicht beißen. Auch das gibt es manchmal. Wenn das zunächst sehr wünschenswert scheinen mag, hat es doch den großen Nachteil, dass der Welpe die Kraft seines Bisses nicht zu steuern lernt. Da bleibt einem also nichts anderes übrig, als das Beißen durch entsprechende Spiele zu provozieren. Oft eignen sich dazu auch besonders gute Leckerchen, die der Welpe sofort schnappen möchte. Gehen Sie dann bitte so vor, wie bei „Leckerchen vorsichtig nehmen" beschrieben (siehe S. 96).

## Allein bleiben

Hunde sind sehr soziale Tiere. Dennoch müssen sie lernen, allein bleiben zu können. Sie glauben gar nicht, wie viele Menschen es gibt, die ihr ganzes Leben nach dem Hund organisieren, weil es unmöglich ist, ihn allein zu lassen. Aber es wird immer mal wieder Situationen geben, wo man den Hund einfach nicht mitnehmen kann! Es kann z. B. sein, dass die Person, die immer für den Hund da ist, ins Krankenhaus muss.

Auch wenn noch ein weiterer Hund im Haushalt lebt, sollte der hinzukommende Welpe das Alleinbleiben lernen, denn auch der andere Hund kann einmal weg sein.

**Schritt 1** Lassen Sie den Welpen häufiger mal für eine Minute allein im Zimmer. Beginnen Sie damit, wenn er gerade mit einem tollen Kauknochen, gefüllten Kong oder Spielzeug beschäftigt ist.

**Schritt 2** Lassen Sie den Welpen jetzt auch einmal kurzzeitig (nicht länger als zwei Minuten) allein im Zimmer, wenn er nicht beschäftigt ist. War er schön ruhig, können Sie ihn beim Zurückkommen loben. Wenn nicht, ignorieren Sie ihn, bis er sich wieder beruhigt hat. Üben Sie das so lange, bis er zwei Minuten allein bleiben kann, ohne zu jammern.

**Schritt 3** Lassen Sie den Hund jetzt bis zu drei Minuten allein, während Sie aus dem Haus gehen. Verabschieden Sie sich nicht groß, sondern vermitteln Sie ihm mit ihrer Körpersprache, dass Ihr Tun das Normalste der Welt ist. Verlassen Sie die Wohnung einfach nur so, sozusagen in Hausschuhen und ohne Jacke, mal mit allem Drum und Dran, was Sie sonst machen, wenn Sie weggehen, also Schuhe anziehen, Schlüssel, Handtasche holen, Jacke anziehen usw.

**Schritt 4** Kann der Hund bis zu drei Minuten allein bleiben, steigern Sie jetzt die Zeit im Durchschnitt, also variabel, bis auf eine Stunde. Im Durchschnitt bedeutet das, dass Sie ihn mal 5 Minuten, mal 10 Minuten, dann wieder 5 Minuten, dann 15 Minuten, 10 Minuten usw. allein lassen. So weiß der Hund nie, wann Sie zurückkommen. Jetzt sollten Sie dem Welpen aber ruhig wieder etwas zur Beschäftigung dalassen, z. B. einen gefüllten Kong oder Ähnliches.

**Schritt 5** Ein älterer Hund kann jetzt auch lernen, deutlich länger allein zu bleiben. Bei einem Welpen sollten Sie die Zeit in den ersten 14 Lebenswochen nicht über zwei Stunden ausdehnen. Wichtig ist jedoch, dass Sie solche Übungen regelmäßig machen, also auch, wenn Sie Urlaub und eigentlich eine Menge Zeit für den Hund haben. Oft meinen es die Leute nämlich dann zu gut mit dem Welpen und verbringen jede Minute mit ihm. Ist der Urlaub oder das Wochenende dann vorbei, fällt dem Kleinen das Alleinsein erst recht schwer.

**Beginnen Sie das Training für das Allein bleiben schon vom ersten Tag an, den der Welpe im neuen Zuhause ist.**

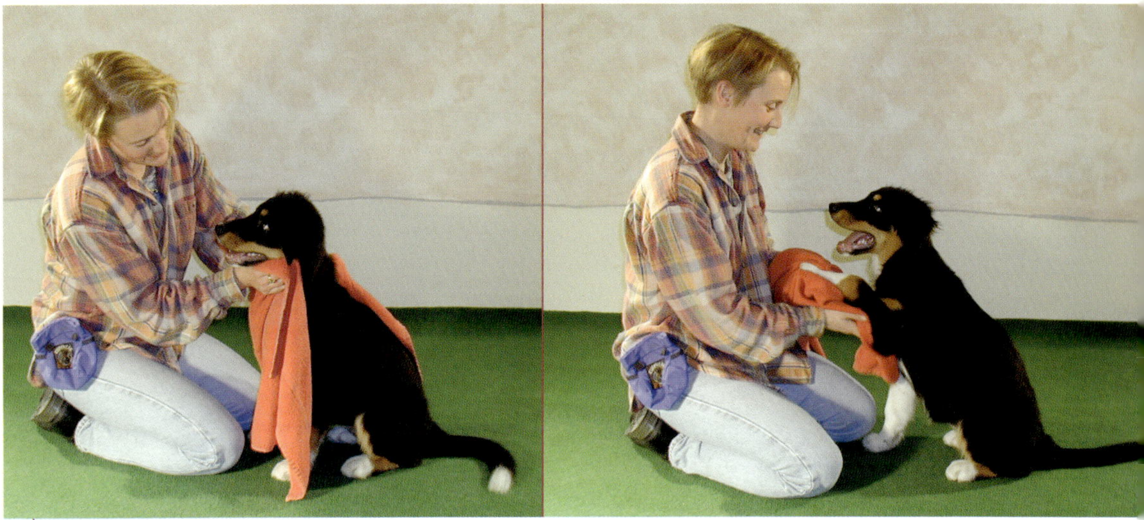

Enja lernt beim Abtrocknen schön ruhig zu bleiben.

## Gewöhnung an die Körperpflege

Der Welpe sollte früh lernen, sich überall anfassen zu lassen. Im Idealfall hat das bereits der Züchter mit ihm geübt und Sie brauchen nur darauf aufzubauen. Machen Sie diese Übung jeden Tag.

**Schritt 1** Fassen Sie den Hund am ganzen Körper an, von den Schultern über Rücken, Bauch, Schwanz, alle vier Beine bis hinunter zu den einzelnen Zehen, dann den Kopf mit den Ohren und das Maul. Das ist eine sehr schöne Übung zum Entspannen, wobei Sie sich gut im Massieren üben können. Ist Ihr Hund entsprechend vorbereitet, wird er diese Übung genießen. Wird er unsicher und wehrt sich gegen bestimmte Berührungen, ist es sehr wichtig, dass Sie schrittweise vorgehen. Beginnen Sie zunächst an den Schultern. Wenn der Hund sich anfassen lässt, gibt es ein Click und die Belohnung. Dann gehen Sie weiter. Schnell wird er das Spielchen lernen und sich denken: „Das ist einfach. Ich lasse mich nur anfassen und schon werde ich belohnt.“ Dabei merkt er bald gar nicht mehr, dass Sie ihn an Stellen anfassen, an denen er es eigentlich nicht mochte.

**Schritt 2** Lässt der Hund sich von Ihnen ohne Probleme überall anfassen, nehmen Sie sich als Nächstes ein nützliches Utensil dazu, wie z. B. Handtuch oder Bürste. Beginnen Sie wieder wie in Schritt 1 ganz langsam. Zuerst sollte der Hund sich den Gegenstand, mit dem Sie ihn berühren, einmal ansehen dürfen. Dann beginnen Sie wieder an der Schulter und arbeiten sich langsam vor. Viele Hunde wollen in dieser Situation spielen. Bei den ersten zwei bis drei Übungs-

### Wichtig

*Nehmen Sie für den Anfang eine weiche Babybürste. Viele Hundebesitzer verderben sich das Bürsten Ihres Hundes, weil Sie schon zu Anfang eine Drahtbürste verwenden. Das tut einfach weh auf der zarten Welpenhaut. Dann ist es auch kein Wunder, wenn der Hund das Bürsten nicht mehr gern mitmacht.*

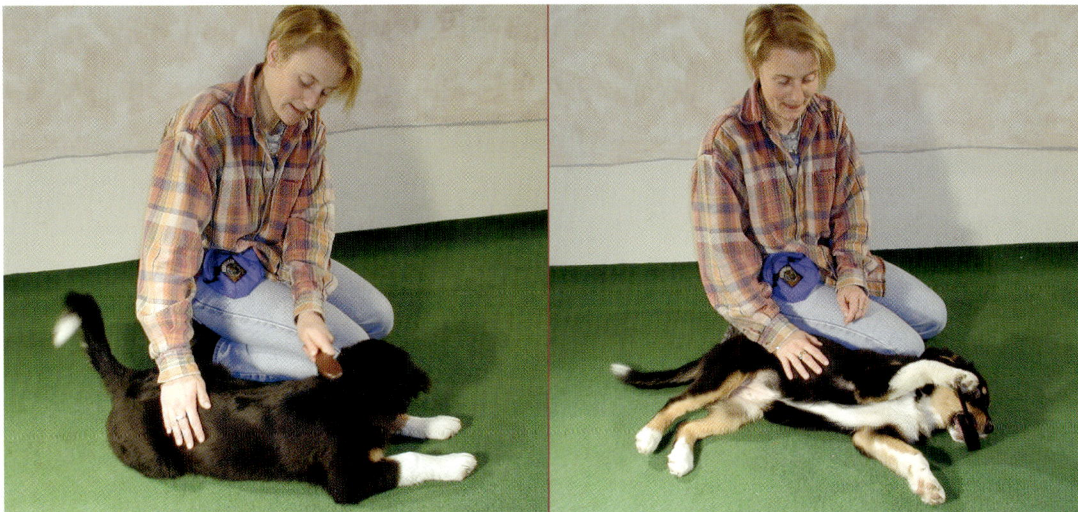

Sie genießt die Berührungen, ob mit Hand oder weicher Bürste.

einheiten würde ich das durchgehen lassen, weil es auch hilft, eine eventuelle Unsicherheit gegenüber dem Handtuch oder der Bürste abzubauen. Dann allerdings sollte der Hund lernen, sich bürsten oder abtrocknen zu lassen, ohne spielen zu wollen. Das kann sonst später einmal sehr lästig sein, z. B. wenn man es eilig hat. Dazu nähern Sie sich dem Hund mit dem Handtuch oder der Bürste, clicken und belohnen ihn, bevor er damit spielen will. Als Belohnung gibt es in dem Fall ein gutes Leckerchen. Füttern bringt mehr Ruhe in die einzelnen Übungen, was ja gerade in diesem Fall wichtig ist.

**Schritt 3** Sie können den Welpen jetzt überall, auch mit einem Gegenstand, berühren. In diesem Schritt intensivieren wir das Ganze. Sie nehmen sich nun jede einzelne Zehe und drücken Sie auch mal ganz leicht. Dafür gibt es natürlich eine dicke Belohnung. Sie nehmen sich die Ohren, halten sie und sehen hinein und Sie öffnen das Maul, um die Zähne zu inspizieren. Gehen Sie dabei wieder so langsam vor, dass es für den Hund immer noch angenehm ist. Die zu erwartende Belohnung muss so toll sein, dass auch etwas Unangenehmes dafür erduldet wird.

Jetzt sollten Sie den Hund auch einmal am Fell rupfen oder plötzlich nach ihm grabschen. Auch das beginnen Sie bitte ganz langsam und steigern es nur so weit, dass der Hund immer ein gutes Gefühl dabei hat. Das ist eine gute Vorübung für den Fall, dass Sie ihn irgendwann einmal plötzlich greifen müssen und er kein Halsband anhat oder dass ein Kind ihn mal am Fell zieht. Hat der Welpe es in einer Übung gelernt, wird es ihm in einer solchen Situation nichts ausmachen.

Setzen Sie den Hund für Körperpflegeübungen auch ruhig mal auf einen Tisch. **1**

Optimal ist es, wenn Sie es mit Ihrem Tierarzt vereinbaren können, dass er den Hund ähnlich spielerisch untersucht. **2**

Dann wird ihr Hund immer gern zum Tierarzt gehen, was für Sie, den Hund und den Tierarzt letztendlich nur von Vorteil ist. Der Aufwand lohnt sich also. **3**

**Schritt 4** Wenn Sie jetzt all diese Dinge mit dem Hund machen können, wird es Zeit, dass er sich auch von anderen Leuten anfassen lässt, z. B. als Vorübung für Untersuchungen beim Tierarzt. Bitten Sie also eine Hilfsperson, die Übungen so durchzuführen, wie Sie es in Schritt 1 getan haben.

**Schritt 5** Auch das Bürsten sollten Sie mit fremden Personen üben. Das ist besonders wichtig, wenn Sie einen Hund haben, der regelmäßig getrimmt werden muss. Je früher er das lernt, umso besser. Stellen Sie ihn in diesem Übungsschritt auch ruhig mal auf einen Tisch.

**Schritt 6** Jetzt sollen fremde Personen die Untersuchungen durchführen und den Hund auch mal etwas grober anfassen. Dazu gehört auch das Tatschen auf den Kopf, wie es viele Menschen gern tun, obwohl die meisten Hunde es gar nicht mögen. Wenn der Hund sich von zehn unterschiedlichen Leuten, unter guter Aufsicht auch ruhig von Kindern, anfassen lässt, können Sie auch Ihrem Tierarzt einen Trainingsbesuch abstatten. Er soll den Hund dann nur auf den Tisch stellen, untersuchen und Leckerchen verteilen. Auf diese Art und Weise erziehen Sie sich einen Hund, der gern zum Tierarzt geht, was Ihnen das Leben sehr vereinfacht.

Vielleicht werden Sie auch denken: „Ich möchte ja gar nicht, dass mein Hund sich von jedem anfassen lässt." Aber bedenken Sie: Es gibt eben die Situationen beim Tierarzt oder beim Hundefriseur, in denen das nötig ist. Auch im Alltag kommt es immer wieder vor, dass irgendjemand Ihren Hund einfach so anfasst. Ich finde es unfair, einen Hund in unserer heutigen Welt zu haben, der sich nicht gern anfassen lässt und der immer in Stress gerät, wenn fremde Menschen in der Nähe sind. Außerdem ist ein ängstlicher Hund in solchen Situationen auch immer eine potenzielle Gefahr, weil er eben auch zuschnappen könnte. All das kann man mit viel Spaß im Training vermeiden.

Trainieren Sie mit Ihrem Welpen auch das Auf-den-Kopf-getätschelt-werden. Das machen Menschen nun mal so, und ein Hund, der gelernt hat, dass es dafür schon mal eine Belohnung gibt, wird es viel lieber ertragen.

## Maulkorbtraining

Maulkorbtraining sollte Bestandteil der Ausbildung eines jeden Hundes sein. Jeder Hund kann mal in die Lage kommen, dass ihm ein Maulkorb aufgezogen werden soll, sei es, dass er eine schmerzhafte Verletzung hat und der Tierarzt ihn gern untersuchen will, ohne gebissen zu werden, oder sei es, dass Sie mit ihm in ein Land oder Bundesland fahren, in dem ein Maulkorb Pflicht ist.

Maulkorbtraining kann Spaß machen und es ist absolut nichts Schlimmes. Der Hund muss sich nur daran gewöhnen, etwas auf der Nase zu haben. Das mussten oder müssen alle Brillenträger unter uns auch. Wenn man es erst einmal gewohnt ist, merkt man die Brille nicht mehr. So geht es auch dem Hund.

Wichtig ist natürlich, dass der Maulkorb passt, eben auch wieder genau wie bei einer Brille. Lassen Sie sich also bei der Anschaffung hinsichtlich der Passform gut beraten. Der Hund sollte genug Platz zum Hecheln haben, und auch in der Breite darf der Maulkorb nicht drücken.

Für den erwachsenen Hund lohnt sich die Anschaffung eines Maulkorbes. Für den Welpen bekommen Sie vielleicht in einer guten Hundeschule einen Trainingsmaulkorb. Schließlich wächst der Kleine noch. Wenn nicht, lohnt sich aber auch hier die Anschaffung eines Maulkorbes, der ein bis zwei Nummern größer ist, als ihn der Welpe aktuell bräuchte. Dann hat man eine Weile Zeit zu trainieren. Wenn der Welpe den Maulkorb einmal als etwas Nettes kennen gelernt hat, wird er sich daran auch erinnern, selbst wenn er eine längere Zeit keinen getragen hat.

Ein Hund, der schon als Welpe spielerisch gelernt hat, den Maulkorb zu tragen, wird das immer wieder gern machen.

## Schrittweise Gewöhnung

**Schritt 1** Füttern Sie den Hund eine Woche lang aus dem Maulkorb.

**Schritt 2** Stecken Sie Leckerchen in den Maulkorb, mit denen der Hund eine Weile zu tun hat, z. B. Leberwurst, die er ablecken muss. Schließen Sie den Maulkorb nur für die Zeit, die der Hund mit dem Ablecken der Wurst beschäftigt ist. Wiederholen Sie auch diesen Schritt eine Woche lang täglich mindestens einmal.

**Schritt 3** Inzwischen sollte der Hund sich freuen, wenn Sie den Maulkorb hervornehmen. Ziehen Sie ihm den Maulkorb an und machen Sie etwas Schönes mit ihm, z. B. laufen, toben, spazieren gehen. Lassen Sie den Maulkorb nur so lange an, wie der Hund nicht versucht, ihn sich auszuziehen.

**Schritt 4** Steigern Sie die Zeit, in der der Hund den Maulkorb trägt, im Durchschnitt auf 15 Minuten. Sie sollten dem Hund den Maulkorb auf alle Fälle schon ausgezogen haben, bevor er es selbst versucht! Wenn Sie den Zeitpunkt mal verpasst haben, lenken Sie den Hund mit einer Übung ab und ziehen ihm dann den Maulkorb aus. Denken Sie daran, die Zeit, in der Ihr Hund den Maulkorb trägt, besonders toll für ihn zu gestalten.

**Schritt 5** Ziehen Sie jetzt dem Hund den Maulkorb an, ohne ihn extra zu beachten. Steigern Sie auch hier die Zeit wieder langsam im Durchschnitt auf 15 Minuten. In der Zwischenzeit sollte der Hund sich schon so an das Gefühl auf der Nase gewöhnt haben, dass es ihm nichts mehr ausmacht.

Bekommt der so trainierte Hund z. B. beim Tierarzt einen Maulkorb angezogen, ist es für ihn kein zusätzlicher Stress, sondern eine Übung, die er kennt und die ihm dadurch auch noch Sicherheit gibt.

Leider hat der Maulkorb bei den meisten Menschen einen sehr negativen Beigeschmack. Sollten Sie auch zu denen gehören, versuchen Sie Ihre Meinung zu ändern, bevor Sie den Hund trainieren. Die wenigsten Hundehalter können sich nämlich so verstellen, wie es in diesem Fall nötig wäre. Schließlich sollen Sie dem Hund den Maulkorb als etwas wirklich Tolles verkaufen.

## Verhalten gegenüber Menschen

Auch Anstandsregeln im Verhalten gegenüber Menschen müssen gelernt werden. Dazu gehört zunächst einmal das Anspringen. Auch wenn die Leute das bei einem jungen Hund noch tolerieren oder niedlich finden, mögen es die meisten bei einem ausgewachsenen Hund nicht mehr. Bei uns in Rheinland-Pfalz zählt ein Hund, „der einen Menschen in gefahrdrohender Weise anspringt", nach der Gefahrenabwehrverordnung zu den gefährlichen Hunden. Was nun „gefahrdrohende Weise" ist, hängt natürlich vom Empfinden des Angesprungenen ab. Wenn eine 70-jährige Frau von einem – wenn auch noch so lieben und freundlichen – Rottweiler angesprungen wird, ist das bestimmt nicht ungefährlich.

**Schritt 1** Immer wenn Ihr Welpe Sie anspringt, drehen Sie sich weg. Sobald alle vier Füße wieder auf dem Boden sind, gehen Sie sofort in die Hocke und belohnen ihn. Sie können auch schon hocken, bevor der Kleine die Gelegenheit hat, Sie anzuspringen.

**Schritt 2** Bei jedem Besuch oder unter fremden Menschen nehmen Sie den Welpen an die Leine, um zu verhindern, dass er die Leute anspringt. Sobald Sie das „Sitz" mit dem Welpen trainiert haben, lassen Sie ihn immer sitzen, wenn jemand ihn begrüßen möchte. Schnell wird er das automatisieren, wenn Sie es konsequent einhalten. Üben Sie mit möglichst vielen Menschen. In England und Amerika veranstalten die Welpenbesitzer extra Puppy-Partys. Es werden viele Leute eingeladen, die einem helfen, den Welpen zu erziehen. Das ist sehr sinnvoll für eine gute Sozialisation und kann eine Menge Spaß machen.

Eine wichtige Anstandsregel ist, dass Welpen Menschen, die sich nicht um sie kümmern, in Ruhe lassen. Das lernt sich am besten samstags in der Fußgängerzone, wenn alle Menschen im Einkaufsrummel sind. Hier kann der Welpe sehr gut unterscheiden lernen, welche Menschen Kontakt aufnehmen wollen und welche nicht. Gerade für sehr freundliche und gut sozialisierte Welpen ist das eine sehr wichtige Übung, damit sie erfahren, dass die Welt nicht nur aus supernetten Menschen besteht, die sich immer freundlich um einen kümmern.

**Tipp**

*Falls Sie das Anspringen geradezu lieben und nicht darauf verzichten wollen, können Sie es Ihrem Hund sehr schnell auf ein bestimmtes Signal hin beibringen.*

### Um Erlaubnis fragen

Eine weitere wichtige Anstandsregel ist Bitte zu sagen. Genauso, wie wir das unseren kleinen Kindern beibringen, kann auch ein Welpe es lernen. Natürlich kann er nicht Bitte sagen. Aber er kann, wenn er etwas haben möchte, sich z. B. hinsetzen oder hinlegen oder vielleicht auch ein Kunststück zeigen, das er schon gelernt hat. Immer wenn der Welpe irgendetwas haben möchte, sei es, dass die Leine abgemacht wird, die Tür aufgeht, der Ball geworfen wird oder dass es Futter gibt, soll er zuerst ein Kommando von Ihnen befolgen, also auf die Art und Weise Bitte sagen. Gleichzeitig sind das auch immer die besten Trainingsmomente, weil Sie den Kleinen in solchen Augenblicken mit etwas belohnen können, was er wirklich gern mag. Es wäre also ausgesprochen schade, diese Augenblicke ungenutzt verstreichen zu lassen.

## Fressmanieren

Ihr Welpe sollte von Anfang an lernen, dass Sie ihm sein Futter nicht wegnehmen und er es deshalb auch nicht verteidigen muss. Es ist nämlich durchaus nicht normal, dass ein Hund sein Futter verteidigt, sondern eher ein Alarmsignal, dass man sofort etwas unternehmen muss! Auch wenn Sie dem Hund beim Fressen immer seine Ruhe lassen, könnte ja ein Kind zufällig in die Nähe kommen. Jeder Beißvorfall in einer solchen Situation kann vermieden werden, wenn jeder Welpe anständige Futtermanieren lernt. Zunächst müssen Sie testen, ob Ihr Kleiner zu der Sorte Hund gehört, die ihr Futter verteidigen. Ist er am Fressen und Sie nähern sich der Schüssel, sollte er ruhig und entspannt weiterfressen. Wenn er misstrauisch schaut, anfängt, ganz hastig zu fressen, oder gar knurrt und die Zähne zeigt, sollten Sie dringend etwas unternehmen. Bitte nehmen Sie ihm die Futterschüssel nicht immer wieder weg, wie es leider noch so oft empfohlen wird. Dann bekommt er ja wirklich Grund, misstrauisch zu sein. Schütteln Sie ihn auch nicht im Nacken oder strafen ihn auf andere Weise. Auch damit wird seine zugrunde liegende Motivation, nämlich die Unsicherheit, eher verschlimmert. Selbst wenn Sie damit Erfolg haben sollten, wird der Hund durch eine solche Behandlung zu einer tickenden Zeitbombe, die immer hochgehen kann, wenn er gefüttert wird und zufällig jemand anderes in seine Nähe kommt.

**Schritt 1** Geben Sie dem Hund ein Viertel seines Futters. Dann nähern Sie sich erneut und geben ihm ein weiteres Viertel usw. So lernt der Kleine: Aha, ich bekomme nichts weggenommen, sondern es wird mir noch etwas gebracht. Zeigt Ihr Hund unsicheres Verhalten beim Füttern, sollten Sie ihn möglichst oft am Tag aus seiner

#### Wichtig

***Bis zur vierzehnten Lebenswoche sollte der Welpe gelernt haben zu erdulden, dass sich Fremde (auch Kinder) seiner Futterschüssel nähern. Wenn nicht, sollten Sie unbedingt wieder fachkundige Hilfe nutzen!***

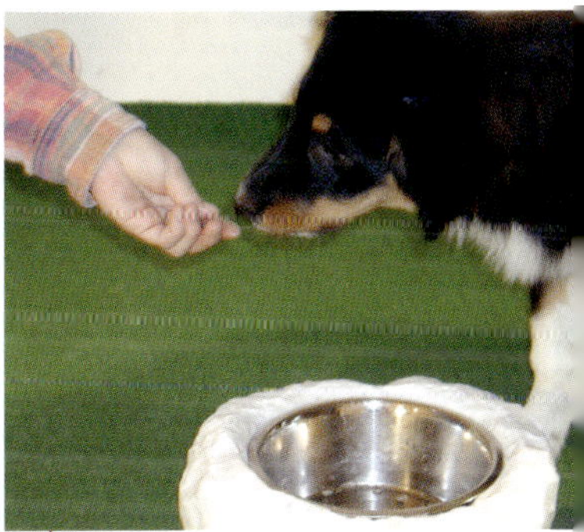

Der Hund soll ruhig vor der Futterschüssel warten, bis er zum Fressen aufgefordert wird.

Futterschüssel füttern, bis das Problem behoben ist. Danach kann sich der Welpe sein Futter wieder anderweitig verdienen. Am Ende der Mahlzeit geben Sie noch einen besonderen Nachschlag. Damit kann Ihr Hund es sicher bald gar nicht mehr erwarten, bis Sie sich der Futterschüssel nähern.

**Schritt 2** Klappt es, dass der Hund Ihr Nähern mit Freude erwartet, ist es Zeit, dass ein anderer aus der Familie dieses Training übernimmt.

**Schritt 3** Unter Aufsicht sollten jetzt auch Kinder diese Übung durchführen. Haben Sie selbst keine in der Familie, können Sie vielleicht Kinder von Verwandten oder Nachbarn einladen. Natürlich brechen Sie diese Übung ab, sobald der Hund auch nur wieder misstrauisch schaut. Schließlich dürfen die Kinder nicht in Gefahr gebracht werden. Je früher Sie die Übung beginnen, desto besser.

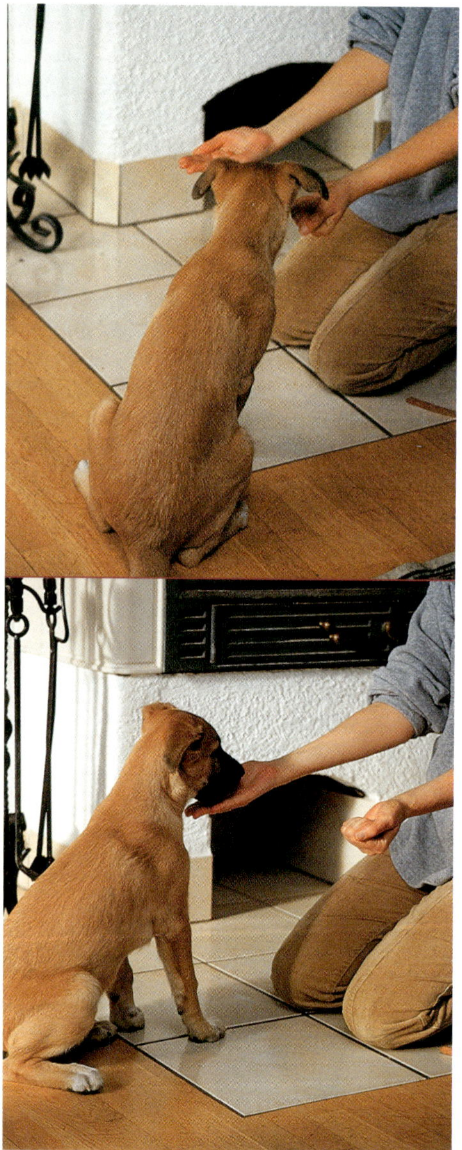

Die Hand, der sich der Hund zuerst nähert, wird mit „Nein" geschlossen. Als Belohnung darf er sich den Inhalt der anderen Hand nehmen.

## Nein

„Nein" ist wohl eines der Wörter, die ein Welpe am häufigsten zu hören bekommt. Und wieder wird vorausgesetzt, dass er so ohne weiteres versteht, was das heißt. Tut er aber nicht! Da „Nein" oft entsprechend nachdrücklich und aus Sicht des Welpen sehr aggressiv gesagt wird, lernt er unter Umständen, dass auf dieses Wort Ärger folgen kann.

Besser ist es aber, wenn der Hund die Bedeutung des Wortes versteht. Das kann er durchaus, wenn man es ihm nur richtig beibringt. „Nein" soll für den Hund bedeuten, dass er mit dem, was er gerade tut, aufhören und sich stattdessen an seinem Halter orientieren soll.

**Schritt 1** Machen Sie es sich mit Leckerchen in Ihrem Sessel bequem. Jede Hand wird mit einem Leckerchen „geladen" und der Hund darf sie sich von der flachen Hand einfach so nehmen. Dann geben Sie das „Nein"-Kommando und schließen augenblicklich die Hand, von der Ihr Hund das Leckerchen holen möchte. Das Leckerchen der anderen Hand darf sich der Hund als Belohnung nehmen. Es wird wieder nachgeladen und sobald sich der Hund einer Hand nähert, geben Sie das Kommando und schließen sie. Wenn Sie das einige Male wiederholt haben, werden Sie feststellen, dass Sie die Hand gar nicht mehr zu schließen brauchen, wenn Sie das Hörzeichen gegeben haben. Ihr Hund wird das betreffende Leckerchen liegen lassen und sich an der anderen Hand bedienen. Wiederholen Sie diesen Übungsschritt zwecks Verallgemeinerung an mindestens fünf Orten so lange, bis der Hund das Leckerchen auf der offenen Hand liegen lässt.

**Schritt 2** In diesem Schritt legen Sie das Leckerchen auf den Boden. Geben Sie das Hörzeichen „Nein" und stellen Sie im Notfall mit Ihrem Fuß sicher, dass der Hund nicht an das Leckerchen herankommt. Seien Sie also äußerst wachsam und legen Sie das Leckerchen so, dass Sie es gut mit dem Fuß erreichen können. Belohnt wird der Hund aus der Hand. Lassen Sie ihn das am Boden liegende Leckerchen anschließend nicht einfach so nehmen. Heben Sie es entweder auf oder geben Sie ein Hörzeichen, das ihm erlaubt, es sich zu nehmen. Üben Sie auch diesen Schritt wieder an mindestens fünf verschiedenen Orten, bis der Hund die Leckerchen liegen lässt, ohne zu versuchen, doch ranzukommen.

**Schritt 3** Steigern Sie in diesem Schritt bitte die Qualität der auf dem Boden liegenden Leckerchen. Geben Sie dem Hund oft, jedoch nicht immer, als Belohnung für das Befolgen etwas Besseres.

**Schritt 4** Jetzt brauchen Sie eine Hilfsperson. Nehmen Sie sich ein rollendes Leckerchen und rollen es auf die Hilfsperson zu. Lassen Sie es den Hund einige Male mit „Nimm" holen, bis Sie sich „eingeschossen" haben. Wenn Sie jetzt „Nein" sagen, muss nämlich Ihre Hilfsperson für den Misserfolg des Hundes sorgen, falls er dennoch versuchen sollte, sich das Leckerchen zu nehmen. Üben Sie auch diesen Schritt wieder an mindestens fünf verschiedenen Stellen.

**Schritt 5** Auch hierfür brauchen Sie wieder eine Hilfsperson. In diesem Übungsschritt verwenden wir ein Spielzeug. Das geht natürlich nur, wenn der Hund sehr gern spielt. Werfen Sie ihm das Spielzeug einige Male, wieder in Richtung der Hilfsperson. Haben Sie dies gut verinnerlicht, sagen Sie „Nein" und die andere Person muss das Spielzeug vor dem Hund sichern. Befolgt der Hund das Hörzeichen, wäre es gut, wenn Sie ihn möglichst mit einem besseren Spielzeug bei sich belohnen könnten.

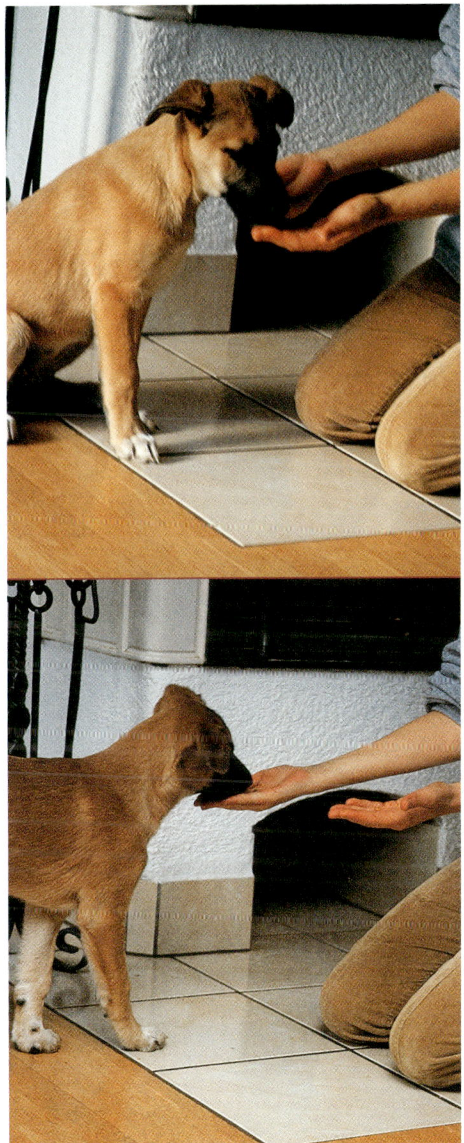

**Bereits nach wenigen Versuchen kann die Hand nach dem „Nein" offen bleiben, der Welpe nimmt sich lieber die Belohnung aus der anderen Hand, als wieder einen Misserfolg zu erleben.**

**Geben Sie das „Nein“-Hörzeichen draußen anfangs nur, wenn Sie auch für Misserfolg sorgen können, z. B. wenn der Hund an der Leine ist.**

**Schritt 6** Wiederholen Sie den vorherigen Übungsschritt. Spielen Sie jetzt etwas mit dem Zeitpunkt, an dem Sie das „Nein“-Kommando geben. Je früher es gegeben wird, desto einfacher ist es für den Hund. Ist er erst in voller Fahrt, wird es natürlich schwieriger. Aber genau das ist ja das Ziel: dass er auch dann mit dem „Nein“ sein Tun abbricht, wenn das Spielzeug schon zum Greifen nah ist, und stattdessen zu Ihnen kommt.

**Schritt 7** Jetzt sind Sie so weit, dass Sie das „Nein“ im Alltag einsetzen können. Verwenden Sie es zunächst in Situationen, in denen Sie Misserfolge noch verhindern können, weil der Hund z. B. an der Leine ist.

Um das Befolgen dieses Hörzeichens immer weiter zu verbessern, ist es wichtig, dass Sie es nur geben, wenn Sie sich auch ziemlich sicher sind, dass der Hund es befolgen wird. Mit jedem Mal, bei dem der Hund trotz „Nein“ das bekommt, was er haben möchte, lernt er, dass es Ausnahmen gibt und dass es sich durchaus lohnt, es darauf ankommen zu lassen.

Gerade bei der Übung „Nein“ finde ich es immer erstaunlich, wie schnell vor allem Welpen verstehen, worum es geht, und wie schnell die Menschen leider alles wieder kaputtmachen, indem sie unachtsam mit dem Hörzeichen umgehen. Daher empfehle ich hier ein ausländisches Wort, wie z. B. „Off“, zu verwenden. Damit geht man erfahrungsgemäß sehr viel achtsamer um. Außerdem kommt es in unserer Alltagssprache eben nicht vor. In Situationen, in denen der Hund wahrscheinlich nicht folgen wird, kann man dann immer noch „Nein“ sagen, damit man was gesagt hat, sich sein eigentliches Kommando jedoch nicht zerstört.

## Wichtig

*Gehen Sie sehr bedacht mit dem so sorgsam aufgebauten „Nein“ um, sonst können Sie es sich schnell kaputtmachen und alle Arbeit war umsonst. Geben Sie das Hörzeichen nur dann, wenn Sie sich auch ziemlich sicher sind, dass der Hund es befolgen wird oder dass Sie Misserfolg vorbeugen können.*

## Gehen an lockerer Leine

Eines der größten Probleme von Besitzern großer Hunde ist das „An-der-Leine-ziehen“. Es ist nicht etwa so, dass die kleinen Hunde dies nicht machen. Nur ist es bei ihnen kein Problem für die Besitzer, weil sie den Hund dennoch halten können.

Dabei ist es eigentlich ganz einfach, dem Hund beizubringen, an lockerer Leine zu gehen, wenn man schon am ersten Tag damit anfängt. Wieder lernt der Welpe ein neues Spiel.

Manchmal hört man dann den völlig falschen Rat, der an der Leine ziehende Hund sei ungehorsam oder gar dominant, was der Hund mit entsprechend harschen Methoden auszubaden hat. Denn auch hier liegt eigentlich nur ein Verständigungsproblem vor. Oft hat dieses unerwünschte Verhalten andere Ursachen wie z. B. Ängstlichkeit oder Müdigkeit.

### SPIELREGELN FÜR „AN DER LEINE GEHEN“

- Wenn die Leine stramm ist, geht es nicht weiter. Du kommst auch nicht dahin, wo du gern hinmöchtest.
- Wenn die Leine locker ist, gehen wir vorwärts. Dann darfst du auch dahin, wo du gern hinmöchtest.

Diese zwei einfachen Regeln lernt ein Welpe im Nu. Vielleicht fragen Sie jetzt: Und warum ziehen dann so viele Hunde an der Leine? Ganz einfach: Weil die Menschen es nicht schaffen, sich an die Spielregeln zu halten. Es fängt schon beim Welpen an. Der zieht zu einem Strauch hin, an dem er gern schnüffeln möchte. Und weil er sich so anstrengt, tut man ihm den Gefallen und geht hinterher. Damit bringt man aber dem Welpen geradezu bei, an der Leine zu ziehen!

Das heißt also: Auch für den Menschen gelten die oben genannten Spielregeln. Und dann ist es ganz einfach. Vermeiden Sie es, den Hund mitzunehmen, wenn Sie es eilig haben. Sonst kommen Sie nämlich zu leicht in Versuchung, doch eine Ausnahme von der Regel zuzulassen. Ist der Hund noch nicht zu schwer, können Sie ihn gut auf den Arm nehmen, wenn Sie eben keine Lust aufs Stehenbleiben haben. Je nach Umgebung können Sie auch einfach die Leine abmachen, dann kann er ebenfalls nicht ziehen. (Natürlich sollten Sie das nie in der Nähe einer Straße tun!)

Für Menschen, die mit der Konsequenz Schwierigkeiten haben, empfehlen wir, dem Welpen ein deutliches Unterscheidungskriterium zu geben, wann die Regel nun eingehalten werden muss und wann nicht, z.B. durch das Führen am Geschirr oder am Halsband.

## Übung Schritt für Schritt

**Schritt 1** Locken Sie den Welpen ohne Leine eine Strecke von etwa fünf Metern mit sich. Wenn Sie diese Übung schon mit einem achtwöchigen Welpen beginnen, können Sie das sogar relativ leicht unter Ablenkung machen. Natürlich müssen Sie dem Welpen etwas zu bieten haben, was mit der Ablenkung konkurrieren kann! Das ist aber bei so einem Winzling gar nicht so schwierig. Wenn Sie diese Übung mit einem 14-wöchigen Welpen anfangen, sollten Sie ohne Ablenkung beginnen.

**Schritt 2** Wenn Sie es schaffen, den Welpen ohne Leine fünf Meter weit bei sich zu halten, machen Sie dasselbe jetzt mit der Leine. Halten Sie die Leine so, dass sie locker ist, und machen Sie genau dasselbe wie in Schritt 1. Die Leine ist nämlich nicht dazu da, den Hund in der richtigen Position zu halten. Das sollten Sie auf andere Art und Weise erreichen. Die Leine ist nur eine Verbindung zum Hund für den Notfall. Sie sollten nie an der Leine rucken oder

**Nehmen Sie die Leine in die rechte Hand und das Leckerchen in die linke. So können Sie mit Ihrem Welpen an Ihrer linken Seite ein paar Schrittchen „Fuß" üben.**

ziehen! Das ist erstens total unnötig, und zweitens bekommt das dem Hals des Hundes nicht gut. Versuchen Sie es mal an sich selbst!

Halten Sie das Leckerchen in der Hand, an der der Hund läuft, die Leine in der anderen. Geht Ihr Hund links, halten Sie das Leckerchen in der linken Hand, die Leine in der rechten. Somit brauchen Sie sich nicht so zu verdrehen und es ist später leichter, die Hilfen abzubauen.

**Schritt 3** Verlängern Sie im Durchschnitt die Strecke, die Sie mit dem Hund an lockerer Leine zurücklegen, und bauen Sie allmählich alle Hilfen ab. Das bedeutet, dass als erstes das Leckerchen aus der Hand verschwindet. Halten Sie die Hand aber weiterhin genauso, als hätten Sie noch etwas Leckeres darin. Nach und nach nehmen Sie dann immer mehr Ihre natürliche Körperhaltung ein. Natürlich sollten Sie den kleinen Kerl aber immer wieder belohnen, wenn die Leine schön locker ist.

**Schritt 4** Nähern Sie sich mit dem Welpen an der Leine irgendetwas, was der Kleine gern haben oder wo er gern hinmöchte. Das könnte sein gefüllter Futternapf sein, ein Hundekollege oder ein netter Mensch. Immer wenn der Hund jetzt vergisst, dass die Leine eigentlich locker sein sollte, bleiben Sie stehen und warten. Warten Sie, wenn es sein muss, zehn Minuten lang. Irgendwann schaut der Welpe zurück und fragt: „Wo bleibst du denn?“ Dabei lockert sich die Leine und Sie gehen vorwärts. Sie können auch in dem Moment zusätzlich noch clicken, wenn die Leine gerade locker wird. Die eigentliche Belohnung bleibt aber das Vorwärtsgehen. Ist die Leine stramm, bleiben Sie augenblicklich wieder stehen. So gehen Sie – wenn es sein muss, eben nur schrittweise – mit dem Welpen an der Leine zu dem begehrten Objekt. Je lieber er dorthin will, desto schneller wird er lernen, wie er vorwärts kommt. In ganz hartnäckigen Fällen hilft es, wenn Sie, anstatt stehen zu bleiben, sogar den Rückwärtsgang einlegen. Wichtig ist allerdings Ihr gutes Timing, damit der Welpe auch eine Chance hat, die Regel zu lernen.

**Schritt 5** Wenn Sie sich mit dem Welpen an der Leine etwas nähern können, zu dem er total gern hinmöchte, und die Leine bleibt locker, dann können Sie im nächsten Schritt noch alle möglichen Kurven und Winkel einbauen. Machen Sie wirklich ein interessantes Spiel aus dieser Übung. Versuchen Sie, den Welpen zu überrumpeln, dass er es eben nicht schafft, die Leine locker zu halten. Seien Sie anfangs fair und steigern Sie die Schwierigkeiten nur langsam. Wenn der Hund das Spielchen verstanden hat, werden Sie sowieso keine Chance mehr bekommen, ihn abzuhängen. Er wird wie ein Luchs aufpassen und Ihre Bewegungen verfolgen. So macht Leinentraining Spaß!

## Sitz

Mit dieser Übung können Sie beginnen, wenn Sie mit der Aufmerksamkeitsübung bei Schritt 3 sind (siehe S. 100). Der generelle Übungsaufbau entspricht dem des Aufmerksamkeitstrainings. Ich werde hier also nur die Unterschiede beschreiben.

**Schritt 1** Mit den ersten fünf Leckerchen locken Sie den Hund in die richtige Position, indem Sie das Leckerchen über der Hundenase nach oben und hinten führen. Sobald der Hintern den Boden berührt, gibt es ein Click und das Leckerchen wird freigegeben.

Die nächsten fünf Leckerchen soll sich der Hund verdienen, indem er den Fingern jetzt ohne Leckerchen folgt. Sie sollten die Hand aber genauso halten, als wären noch Leckerchen darin.

**Schritt 2** Verändern Sie Ihre Handhaltung während der nächsten Übungseinheit ganz allmählich zu dem späteren Handzeichen für „Sitz", dem nach oben gestreckten Zeigefinger.

**Schritt 3** Wenn der Welpe sich auf das Handzeichen hin immer schön hinsetzt, können Sie die dazu gehörende Vokabel einführen.

Dazu sagen Sie erst das Wort „Sitz", zählen im Kopf „einundzwanzig" und geben dann erst das Handzeichen.

**Schritt 4** Setzt der Welpe sich in mindestens acht von zehn Versuchen auf das Wort „Sitz" allein hin, ohne dass er auf das Handzeichen wartet, verändern Sie Ihre Armhaltung. Vermeiden Sie, dabei zufällig ein dem Handzeichen für „Sitz" ähnliches Signal zu geben.

**Schritt 5** Für die nächsten zehn Leckerchen verändern Sie jedes Mal Ihre Beinhaltung etwas.

**Schritt 6** Für die nächsten zehn Leckerchen verändern Sie Ihre gesamte Körperhaltung. Sie gehen also mal ganz leicht in die Knie, mal in die Hocke, mal setzen Sie sich auf den Boden oder legen sich hin, mal beugen Sie Ihren Oberkörper ganz nach unten usw.

**Schritt 7** Wiederholen Sie dasselbe mit einem Hilfsmittel, z. B. einem Stuhl, auf den Sie ein Bein stellen, sich mit einem Arm aufstützen, mit beiden Armen, sich auf den Stuhl stellen, hinsetzen usw.

**Schritt 8** Wiederholen Sie die Übung, indem Sie jetzt bei jedem Mal den Hintergrund ändern. Das geht ganz einfach, wenn Sie sich bloß im Raum drehen. Mal sieht der Hund Sie vor dem Fenster, mal vor dem Schrank usw. Dadurch sieht das Signal immer etwas anders für ihn aus, auch wenn Sie sich noch in Ihrer Übungsecke befinden.

### Wichtig

*Stures Auswendiglernen ist langweilig. So ergeht es auch unseren Welpen. Wenn wir beim Lernen aber immer für Ablenkung sorgen, macht es viel mehr Spaß. Eine solche Ablenkung kann die Veränderung der Arm- oder Beinhaltung sein. Damit können Sie das Kommando ganz oft wiederholen. Es ist für den Welpen immer wieder etwas Spannendes und Neues.*

Barbara gibt das Kommando „Sitz" in unterschiedlichen Körperhaltungen. Lea zeigt, dass sie das zunächst noch etwas verunsichert

**Schritt 9** Jetzt ändern Sie sozusagen den Geräuschhintergrund. Lassen Sie z. B. das Radio im Hintergrund laufen oder eine Musik-CD oder auch das Fernsehen. So lernt der Hund, Ihr Kommando aus anderen Geräuschen herauszuhören.

**Schritt 10** Suchen Sie sich einen neuen Ort und wiederholen Sie die Schritte 1 bis 9. Wählen Sie zunächst ein anderes Zimmer. Wenn Sie alle Zimmer Ihrer Wohnung durchgearbeitet haben, können Sie sich ins Freie unter mehr Ablenkung wagen.

**Schritt 11** Zu diesem Schritt sollten Sie erst übergehen, wenn Sie die Schritte eins bis zehn an mindestens fünf verschiedenen Orten geübt haben. Üben Sie jetzt unter leichter Ablenkung (wie Sie sie für sich auf Seite 104 erarbeitet haben).

**Schritt 12** Üben Sie das „Sitz" unter mittlerer Ablenkung.

**Schritt 13** Üben Sie das „Sitz" unter starker Ablenkung.

**Schritt 14** Üben Sie das „Sitz" auf verschiedenen Untergründen.

**Schritt 15** Schalten Sie auf variable Belohnung um (Futter, Spielzeug, Streicheln, Worte usw.), um die Aufmerksamkeit zu steigern.

Für das „Sitz"-Training reicht es, wenn der Hund im Durchschnitt etwa fünf Sekunden sitzen bleibt. Längeres Sitzen üben Sie mit dem älteren Hund, der sich länger konzentrieren kann, mit „Bleib".

**Tipp**

*Ein Hund hat verschiedene Möglichkeiten, sich hinzusetzen. Sie sollten nur eine davon für das Kommando „Sitz" zulassen. Das ist keine Schikane, sondern vereinfacht es dem Welpen letztendlich, weil er sich nicht überlegen muss, welche Möglichkeit Sie wohl gern sehen würden. Dasselbe gilt auch für die anderen Übungen.*

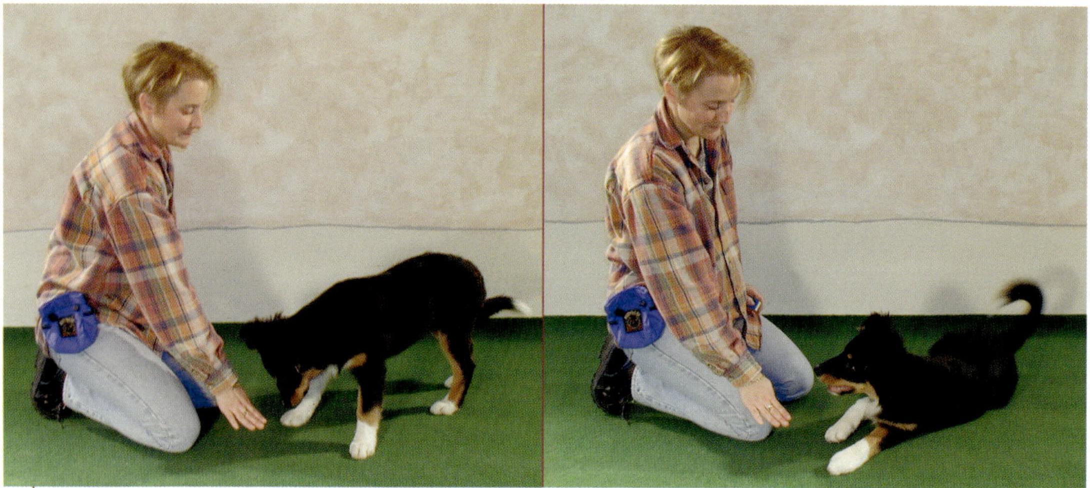

**Stephanie übt mit Enja das „Platz". Sehr schön ist ihre für den Hund nicht bedrohliche Körperhaltung.**

## Platz

**Schritt 1** Mit den ersten fünf Leckerchen locken Sie den Hund in die Platz-Position, indem Sie mit der Hand vor dem Hund nach unten gehen. Bei manchen Hunden geht das zunächst einfacher aus dem „Sitz" heraus. Versuchen Sie, was Ihr Hund besser versteht.

Die nächsten fünf Leckerchen soll sich der Hund verdienen, indem er den Fingern jetzt ohne Leckerchen folgt. Sie sollten die Hand aber genauso halten, als wären noch Leckerchen darin. Am besten knien Sie sich anfangs hin, weil Ihre Körperhaltung sonst sehr bedrohlich für den Hund ist, wenn Sie sich über ihn beugen. Er soll sich schließlich nicht aus Angst hinlegen, sondern weil er die Übung versteht.

**Schritt 2** Verändern Sie Ihre Handhaltung während der nächsten Übungseinheit ganz allmählich zu dem späteren Handzeichen für „Platz", dem nach unten weisenden Zeigefinger oder der nach unten weisenden Hand.

**Schritt 3** Wenn der Welpe sich auf das Handzeichen hin immer schön hinlegt, können Sie die dazugehörende Vokabel einführen. Dazu sagen Sie erst das Wort „Platz", zählen wieder im Kopf „einundzwanzig" und geben dann erst das Handzeichen.

**Schritt 4** Wenn der Welpe sich in mindestens acht von zehn Versuchen auf das Wort „Platz" allein hinlegt, ohne dass er auf das Handzeichen wartet, verändern Sie wieder Ihre Armhaltung.

**Schritt 5 bis Schritt 15** Siehe „Sitz" (S. 128).

## Steh

Es ist sinnvoll, das „Steh“ mit den anderen Übungen zu trainieren. Erstens kann es sein, dass Sie es später einmal brauchen (z. B. auf einer Ausstellung), zweitens schafft es Abwechslung und drittens macht es später die Unterscheidung der Übungen spannender.

**Schritt 1** Lassen Sie den Welpen immer mal wieder aus dem „Sitz“ oder dem „Platz“ aufstehen zum „Steh“. Locken Sie ihn dann mit dem Leckerchen in der Hand nach oben. Als Handzeichen kann man daraus schön die nach unten gestreckte offene Hand machen.

**Schritt 2** Lassen Sie den Welpen allein auf das Handzeichen hin aufstehen. Belohnt wird er dann aus der anderen Hand.

**Schritt 3** Führen Sie die entsprechende Vokabel ein.

**Schritt 4** Verlangen Sie das „Steh“ auch, wenn der Welpe sowieso schon steht, damit er nicht denkt, dieses Kommando gilt nur, wenn er entweder sitzt oder liegt.

**Schritt 5** Wenn der Welpe sich hinstellt oder eben stehen bleibt, sobald er das Hörzeichen bekommt, können Sie wieder kleine Veränderungen einfühlen, wie sie beim „Sitz“ schon beschrieben sind.

**Wichtig**

*Alle hier gewählten Kommandos sind Vorschläge, sowohl die Hör- als auch die Sichtzeichen. Sie können gern andere verwenden. Sinnvoll ist es, die Hörzeichen in einer anderen Sprache zu geben. Das führt weniger zu Verwechslungen. Beim „Platz“ fürs Hinlegen könnte es z. B. zu einer Verwechslung mit „Mach Platz“ im Sinne von „Geh auf die Seite“ kommen, was vermieden werden sollte.*

Enja zeigt ein schönes „Steh“ und man sieht schön, wie sich aus der Hilfe das spätere Sichtzeichen ableiten lässt.

## Sitz – Platz – Steh

Wenn Sie alle diese Übungen bis zum Schritt 10 trainiert haben, können Sie sie auch mal in beliebiger Reihenfolge bringen. Dieses Spielchen fördert hervorragend die Konzentration des Hundes. Nach jedem richtig ausgeführten Kommando geben Sie ein Click und werfen das Leckerchen etwas weg, damit sich der Hund bewegen muss. Danach kommt die nächste Übung. Dadurch sind Sie völlig frei in der Wahl. Eine Zehnerübung könnte folgendermaßen aussehen: Platz – Sitz – Platz – Steh – Steh – Sitz – Steh – Platz – Platz – Sitz.

Lassen Sie dem Hund hierbei genügend Zeit zum Überlegen. Die wird er anfangs noch brauchen. Denken Sie auch immer wieder daran, die Übungen etwas zu variieren, indem Sie jeweils eine Kleinigkeit ändern.

### Training wird zum Spiel

Als Nächstes lassen Sie den Hund aus der Position, in der er sich gerade befindet, in eine jeweils andere wechseln. Das ist wirklich ein Konzentrationsspiel. Lassen Sie dem Welpen entsprechend Zeit dafür. Kay Laurence aus England hat ein schönes Spiel entwickelt, bei dem Menschen sich gegenseitig neue Kommandos zu bestimmten Verhaltensweisen geben sollen. Ich kann Ihnen sagen, das ist gar nicht so einfach, wenn man erst einmal bei drei unterschiedlichen Kommandos angelangt ist. Das ist auch für einen Menschen schon

**Joe ist mal gerade 9 Wochen alt. Er verdient sich sein Futter im Trainingsspiel.**

## ÜBUNGSPLAN FÜR DIE ERSTEN SECHS WOCHEN

| 1. Woche | 2. Woche | 3. Woche |
|---|---|---|
| Leckerchen vorsichtig nehmen | Aufmerksamkeit | „Sitz" / „Platz" / „Steh" |
| „Gut gemacht" | Ruhig sein an der Leine | Mit dem Körper Grenzen setzen |
| Aufmerksamkeitstraining | „Komm" | Behandlung/ Körperpflege |
| Beißhemmung | Futtermanieren | „Komm" |
| Behandlung / Körperpflege | Beißhemmung | Gehen an lockerer Leine |
| Sozialisationsplan | Sozialisationsplan | Sozialisationsplan |
| **4. Woche** | **5. Woche** | **6. Woche** |
| Aufmerksamkeit | „Komm" | „Sitz" / „Platz" / „Steh" |
| „Sitz" / „Platz" / „Steh" | „Gib's her" | „Komm" |
| „Nein" | „Nein" | „Gib's her" |
| Nicht anspringen | Nicht anspringen | Behandlung / Körperpflege |
| Gehen an lockerer Leine | Gehen an lockerer Leine | Gehen an lockerer Leine |
| Allein bleiben | Allein bleiben | Grenzen setzen |
| Sozialisationsplan | Sozialisationsplan | Sozialisationsplan |

schwere Konzentrationsarbeit! Gestehen Sie dem kleinen Welpenhirn also die nötige Zeit und auch mal Irrtümer zu.

Dennoch ist diese Übung natürlich sehr spannend, und, wenn Sie sie als Spiel aufbauen, wird der Welpe gern mitspielen.

So sollten überhaupt all die Übungen, die ich bisher beschrieben habe, für den Welpen ein schönes Spiel sein. Er sollte gar nicht merken, dass er ausgebildet wird. So wird das Training zum Spiel und Spiel wird zum Training. Der Welpe wird geistig gefördert und gefordert. Er lernt das Lernen. Ein so vorbereiteter Welpe wird sich bestimmt mit den Monaten und Jahren zu einem sehr angenehmen Mitbewohner entwickeln.

Oben sehen Sie einen Übungsplan beispielhaft für die ersten sechs Wochen. Wenn Sie mehrmals täglich nur kurze Zeit üben, werden Sie mit dem Welpen schnell Erfolge vorweisen können. Vielleicht stellen Sie sich mit der Eieruhr eine Trainingszeit von zwei bis drei Minuten ein. Das reicht vollkommen.

## Welpenspielstunden

Eine gute Welpenschule zu besuchen ist sehr sinnvoll. Leider gibt es nur viel zu wenige davon. Am besten nehmen Sie sich, schon bevor der Welpe einzieht, die Zeit und sehen sich in unterschiedlichen Schulen um. Sonst vergeht die wichtige Sozialisierungsphase nämlich viel zu schnell.

In einer guten Welpenschule sind die besten Ausbilder mit den Welpen betraut. Das ist nicht eine Sache, die man Einsteigern in der Hundeausbildung anvertrauen kann. Denn gerade bei den Welpen können viele Fehler gemacht werden.

### Regeln sind wichtig

Die Welpen sollten die Gelegenheit haben, miteinander zu spielen. Aber es sollte nicht so sein, wie man es noch vielerorts sieht, dass die Welpen ankommen, von der Leine gelassen werden, die ganze Zeit spielen dürfen und die Besitzer herumstehen und sich unterhalten. Es ist natürlich sehr verlockend, den Welpen beim Spiel einfach nur zuzusehen. Was die Welpen in dieser Situation aber lernen, ist, dass sobald andere Hunde da sind, ziemlich schnell die Leine abgehen soll und die Menschen abgeschrieben sind. Dann gibt es nur noch Spaß mit den Hundefreunden. Das wird sich im Lauf der Zeit sehr schlecht auf den Gehorsam auswirken.

Es sollten also einige Spielregeln eingehalten werden. Die Hunde sollten von klein auf lernen, dass ein anderer Hund nicht auf der Stelle begrüßt werden muss. Daher gibt es bei uns die Regel, dass die Hunde an der Leine keinen Kontakt zueinander aufnehmen dürfen. Eine andere Regel ist, dass alle Welpen erst sitzen müssen, bevor die Leinen gelöst werden. So kann es sein, dass die jungen Hunde anfangs zehn Minuten an der Leine sein müssen, bis alle ruhig sind. Es gilt: Erst die Arbeit, dann das Spiel. Natürlich ist es einfacher, die Welpen sich erst einmal austoben zu lassen. Dann hat man es anschließend viel leichter mit ihnen. Allerdings lernen sie dadurch eher Unerwünschtes, und es entwickeln sich oft Hunde, die ausflippen, wenn sie in der Ferne einen anderen Hund sehen, weil sie meinen, sie müssten sofort spielen. Es ist auch sinnvoll, das freie Spiel immer wieder zu unterbrechen, um eine kleine Übung einzuschieben. Welpen kann man noch sehr gut kontrollieren, und durch solche Übungen wird die Kontrolle über den älter werdenden Hund gefördert. Von Vorteil ist es, wenn gut sozialisierte Althunde in der Gruppe mit dabei sind. Auch in der Art und Weise, wie die Welpen miteinander spielen, sollte es bestimmte Regeln geben. Allerdings ist es nicht sinnvoll, bei jeder kleinen Auseinandersetzung sofort einzugreifen. Der Leiter der Welpenstunde braucht ein gutes Fingerspitzengefühl, um zu entscheiden, wann es für einen bestimmten Welpen zu viel wird und wann er es einfach durchstehen muss.

**Faustregel**

*In Welpengruppen sollten ca. zwei Drittel der Zeit die Menschen mit den Hunden spielen oder spielerisch trainieren. Ein Drittel der Zeit können die Welpen zusammen toben. Der Mensch sollte immer der Mittelpunkt im Leben des Hundes sein!*

1

2

3

4

**... In einer gut geführten Welpenstunde gibt es Abendteuer, die der junge Hund zusammen mit seinem Menschen bestehen kann. So etwas fördert die Bindung.**
**Natürlich darf auch das Spielen der Welpen untereinander nicht zu kurz kommen, genauso wenig wie die kompetente Beratung der Besitzer.**

5

# Probleme mit dem Welpen

## Verhaltenstherapie

Viele Menschen mussten schon erleben, dass kleine Welpen nicht nur süß sind. Da hat man sich so ein niedliches Wesen ins Haus geholt und muss auf einmal feststellen, dass nicht alles Friede, Freude, Eierkuchen ist. Es kann durchaus mal Probleme geben, die das gute Verhältnis zwischen Hundebaby und Mensch auf die Probe stellen. Und diese Probleme können auch auftauchen, wenn Sie sich den Züchter sehr sorgfältig ausgesucht und sich bestens auf die Ankunft des Welpen vorbereitet haben. Sie haben also nicht unbedingt etwas falsch gemacht und meist handelt es sich auch um ganz normales Verhalten der Welpen. Ich habe ja schon an einigen Stellen vorher im Text darauf hingewiesen, dass Sie sich nicht scheuen sollten, sich bei Problemen fachkundige Hilfe zu suchen. Je schneller etwas unternommen wird, desto höher sind die Erfolgsaussichten. Es ist leider immer noch so, dass der größte Teil eingeschläferter junger Hunde aufgrund von Verhaltensproblemen eingeschläfert wird. Das müsste nicht sein, wenn man schon bei der Welpenauswahl die in diesem Buch angesprochenen Kriterien beachtet, und wenn Probleme rechtzeitig angegangen würden.

### Wo finden Sie fachkundige Hilfe?

In erster Linie sind verhaltenstherapeutisch arbeitende Tierärzte die Spezialisten auf dem Gebiet. Sicher kann Ihnen Ihr Tierarzt einen Kollegen benennen. Aber es gibt auch viele kompetente Hundetrainer, die sich in Sachen Verhaltensproblemen regelmäßig fortbilden. Hilfsmittel wie Würge- oder Stachelhalsbänder oder Geschirre mit Zugwirkung unter den Achseln sind abzulehnen. Fassen Sie sich mal selbst fest unter die Achseln. Das tut ziemlich weh!

Wenn von Leinenruck, Nackenfellschütteln oder Alpharolle die Rede ist, machen Sie am besten auf dem Absatz kehrt. Solche Dinge sind zum einen vollkommen überholt. Es gibt viel bessere Möglichkeiten. Zum anderen bergen solche Vorgehensweisen auch noch große Risiken. Trainer, die solche Methoden anwenden, zeigen damit auch, dass sie sich schon lange nicht mehr weitergebildet haben und somit keine Fachleute mehr auf diesem Gebiet sind. Hierzu ein Beispiel: Ein Hund ließ sich nicht anfassen. Die Vorgeschichte: Die Besitzer gingen mit ihm in eine Hundeschule. Der Hund machte die „Platz"-Übung zehnmal gut mit, hatten dann verständlicherweise keine Lust mehr. Er knurrte, als er hinuntergezogen wurde, weil er Angst hatte und wurde daraufhin durch die Luft geschleudert ... von einem angeblich erfahrenen Hundetrainer.

Im Folgenden wollen wir uns einige der häufigsten Probleme gemeinsam ansehen. Wenn man versteht, warum der Welpe dieses Verhalten zeigt, ist es möglich, etwas dagegen zu unternehmen.

**Auch die nettesten Welpen können Probleme machen. Suchen Sie frühzeitig kompetente Hilfe.**

Bereits beim Züchter werden die Grundlagen für die spätere Stubenreinheit gelegt.

## Unser Welpe ist nicht stubenrein

Bei einem Baby ist es selbstverständlich, dass es Windeln trägt. Auch von einem Zweijährigen erwartet man noch nicht, dass er selbstständig zur Toilette geht. Aber von einem acht Wochen alten Welpen wird das häufig erwartet. Oft sind die Enttäuschung und der Ärger groß, wenn man immer wieder die Wohnung säubern muss. Es ist jedoch ganz normal, dass auch ein Hundebaby seine Blase noch nicht vollständig unter Kontrolle hat. Damit ein Welpe schnell stubenrein wird, sind zwei Dinge von Bedeutung.

### 1. Erfahrungen beim Züchter

War der Welpe nur im Zwinger oder auch nur in der Wohnung auf ein und demselben Untergrund, um sein Geschäft zu erledigen, hat er eventuell gelernt, dass nur dieser Untergrund für solche Dinge geeignet ist. Er wird also gar kein Interesse haben, sich etwas anderes zu suchen. Das kann z. B. bei Welpen sein, die in Pferdeboxen auf Stroh oder Sägemehl aufgewachsen sind. Manche Welpen verbringen die ersten acht Wochen auch in einer mit Zeitungen ausgelegten Kiste, die dann meist so klein ist, dass sie den Schlafplatz gar nicht wirklich sauber halten können, weil einfach nicht genügend Platz vorhanden ist. Konnte der Welpe aber normale Vorlieben entwickeln, ist es natürlich, dass er sein Nest nicht verschmutzen will. Er wird sich also einen in seinen Augen geeigneten Ort suchen, um sich zu lösen. Achten Sie darauf, dass die Welpen auch beim Züchter die Möglichkeiten hatten, zumindest einen vom Schlafplatz

Der Welpe sollte schon beim Züchter den richtigen Untergrund zum Lösen kennen lernen.

getrennnten Ort für ihr Geschäft zu benutzen. Optimal ist es natürlich, wenn die Welpen schon beim Züchter ins Freie können. Vor allem zum Kotabsetzen nutzen die Hündchen das sehr schnell. So kann es gut sein, dass Sie einen Welpen von einem guten Züchter bekommen, der in dieser Hinsicht stubenrein ist.

## 2. Training zu Hause

Mit dem Pipi geht das meist nicht so schnell, weil der kleine Körper dazu noch gar nicht in der Lage ist. Oft beobachtet man, dass sich ein Welpe mitten im Spiel hinhockt. Er kann dann einfach nicht länger warten. Und jetzt ist der Mensch gefordert. Der Welpe sollte nach jedem Schlafen, nach jedem Fressen, nach jedem Spielen oder wenn er eben anfängt, sich im Kreis zu drehen oder zu suchen, nach draußen gebracht werden. Er muss ungefähr alle zwei Stunden. Nachts, wenn er schläft, kann er auch länger durchhalten. Sie brauchen ihn also – wenn Sie es besonders gut machen wollen – nicht alle zwei Stunden zu wecken. Wenn er aber wach wird, wird er wohl schleunigst nach draußen müssen. Macht er dort sein Geschäft, wird er überschwänglich gelobt.

Besonders schwierig ist es, wenn der Kleine bereits zu Anfang eine Zeit lang allein zu Hause bleiben muss. Aber selbst wenn man den ganzen Tag zu Hause ist, ist es fast unmöglich, den Welpen jede Minute im Auge zu behalten. Dann leistet wieder der Zimmerzwinger gute Dienste. Dort kann man dem Welpen auch ein Hundeklo einrichten, so wie es Katzenklos gibt. Füllen Sie es mit Erde oder Laub, sodass der Hund denselben Untergrund kennen lernt wie draußen.

### Was tun, wenn das Malheur passiert ist?

Sollte Ihr Welpe sich bereits angewöhnt haben, in der Wohnung sein Geschäft zu verrichten, ist es sehr wichtig, dass Sie betroffene Stellen gründlich reinigen. Vielleicht denken Sie jetzt: Das versteht sich doch von selbst! Aber aufgepasst! Viele unserer Reinigungs- und Desinfektionslösungen wirken auf Ammonium-Basis. Dieses chemische Mittel ist aber auch ein Bestandteil des Urins. Was für uns also perfekt sauber ist, riecht für den Hund immer noch nach Urin und er wird diese Stelle weiterhin als Toilette benutzen. Für eine wirklich gute Reinigung empfiehlt sich eine zehnprozentige biologische Waschmittellösung. Anschließend sollte die Fläche noch mit hochprozentigem Alkohol besprüht werden. Je nach Untergrund testen Sie das aber bitte zunächst an einer Stelle, die man nicht sieht. Nicht alle Untergründe vertragen eine solche Behandlung. Hat Ihr Welpe sich eine Ecke im Teppich als Toilette ausgesucht, hilft es manchmal auch, wenn Sie diesen Teppich nach draußen legen. Er wird ihn weiterhin benutzen. Jetzt muss er dafür eben nach draußen gehen. Das kostet Sie dann einen Teppich, erspart aber eine Menge Stress.

**Wichtig**

***Bei all diesen Tipps zählt in erster Linie Ihre Achtsamkeit. Sie müssen wirklich aufpassen und den Welpen lieber einmal zu viel als einmal zu wenig hinausbringen!***

**Tipp**

*Wie Kleinkinder beim Zahnwechsel gern kauen, tun das auch die Welpen. Hier lindert häufig etwas Kaltes. Frieren Sie deshalb einen gefüllten Kong ein und geben Sie ihn dem Welpen noch gefroren. Das nehmen viele Welpen sehr gern an. Manchmal muss man auch etwas experimentieren. Die einen kauen lieber auf etwas Weichem herum, die anderen lieber auf härteren Dingen.*

## Unser Welpe knabbert alles an

Welpen knabbern im Allgemeinen gern. Sehr vieles aus ihrer Umwelt erkunden sie mit dem Maul. Auch da sind sie kleinen Kindern sehr ähnlich. Sie sollten also darauf achten, dass der Welpe genügend geeignete Kauspielzeuge hat. Am besten ist es, wieder dafür zu sorgen, dass er nichts anbeißen kann, was nicht erwünscht ist, indem entweder die Wohnung welpensicher gemacht wird oder der Kleine in bestimmte Räume eben nicht hineindarf oder er einen schönen Zimmerzwinger hat, wo er hineinkommt, wenn Sie sich nicht mit ihm befassen können.

Um das Kaubedürfnis des Welpen zu stillen, kann man ihm sehr schön sein Futter in Kauspielzeugen anbieten. So gibt es z. B. den Kong, den man mit Futter füllen kann. Statt dass der Welpe sein Futter in der Schüssel serviert bekommt, kann er es sich ruhig aus solchen Spielsachen herausarbeiten. Damit ist er dann nämlich eine ganze Weile beschäftigt.

### Einige Tricks gegen das Zernagen von Dingen

Wenn der Welpe genügend Kauspielzeuge hat, auch sonst genügend beschäftigt ist oder ein Zimmerzwinger aus irgendwelchen Gründen nicht möglich ist, muss man sich über die geeignete Form

der Strafe Gedanken machen. Am besten ist eine anonyme Strafe. Sie sollte also nicht von Ihnen kommen, sondern von dem Gegenstand, der angeknabbert wird. Mit etwas Fantasie lassen sich schöne Vorrichtungen bauen, die den Welpen dann erschrecken, wenn er das unerwünschte Verhalten zeigt.

Ein Beispiel: Robby hat immer die über dem Ofen hängenden Handtücher geklaut, um damit zu spielen. Sein Besitzer wickelte daraufhin eine Blechbüchse in eines der Handtücher. Als Robby wieder am Handtuch zog, schepperte die Blechbüchse auf den Boden. Von da an machte Robby einen großen Bogen um die am Ofen hängenden Handtücher.

Manchmal hilft es auch, die beknabberten Gegenstände mit einem Bitterspray zu besprühen oder mit scharfen Gewürzen einzuschmieren, wie z. B. Tabasco. Bitte testen Sie erst an einer nicht sichtbaren Stelle, ob z. B. das Möbelstück eine solche Behandlung verträgt. Nicht dass Sie nachher das Beknabbern zwar erfolgreich verhindert, das Möbelstück aber dennoch ruiniert haben.

Vermeiden Sie es, dem Welpen Aufmerksamkeit zu schenken, wenn er gerade knabbert. Es gibt nämlich durchaus viele Welpen, die sehr schnell gelernt haben, dass das Leben ziemlich langweilig ist, wenn Frauchen z. B. am Bügeln ist, sie das aber schnell ändern können, indem Sie irgendwo knabbern. Dann unterbricht Frauchen sogar das Bügeln. In einem solchen Fall ist dem Welpen dann Schimpfen lieber als überhaupt keine Aufmerksamkeit.

### Zerstörung von Dingen in Abwesenheit des Besitzers

Knabbert der Welpe etwas kaputt, wenn er allein gelassen wird, kann das neben Langeweile und einfacher Kaulust auch noch ein Hinweis auf massiven Stress sein, den er dann durch das Kauen abzureagieren versucht. Das kann also durchaus auf ein ernst zu nehmendes Problem hinweisen. Trainieren Sie mit einem solchen Hund das Alleinsein schrittweise, so wie auf Seite 110 beschrieben. Wenn das keine Abhilfe schafft, suchen Sie sich fachkundige Hilfe. Ein so gestresster Hund kann nämlich eine Menge Schaden im Haus anrichten, sodass sich die Investition in einen guten Therapeuten bestimmt lohnt.

**Wichtig**

*Vorbeugen ist die beste Therapie. Achten Sie darauf, dass der Welpe genug beschäftigt ist und genügend geeignete Kauspielzeuge hat, die Sie von Zeit zu Zeit mal austauschen sollten, weil immer dasselbe eben schnell langweilig wird.*

## Unser Welpe ist ein kleiner Dieb

Da hat der kleine Kerl nun hundert verschiedene Spielsachen herumliegen, aber die interessieren ihn gar nicht. Was macht er stattdessen? Er klaut alles, was nicht niet- und nagelfest ist! Dieses Verhalten des Hundes führt zu viel Aufregung, Ärger und Frust in vielen Welpenhaushalten. Meistens ist es für den Welpen ein schönes Spiel, weil er schnell lernt: Wenn er Herrchens gute Schuhe klaut, rennen alle hinter ihm her, und das bringt eine Menge Spaß. Bei der Übung „Gib's her" (siehe S. 120) wird beschrieben, was man dagegen tun kann.

Weiterhin kann es sein, dass der Welpe vom Tisch klaut. Dazu ist erst einmal zu sagen, dass er aus seiner Sicht natürlich nicht klaut. Er nimmt sich das, was die anderen übrig gelassen haben. Und das darf man nach Hunderegeln. Leider stimmen diese Regeln nicht mit den unseren überein. Der Hund muss also lernen, dass er das nicht darf. Eine Möglichkeit ist, ihn für das Verhalten zu belohnen, das Sie haben möchten, z. B. Liegen unterm Tisch. Das können Sie so trainieren, dass „Essen auf dem Tisch" das Signal wird, er soll sich darunter hinlegen. Wenn Sie den Welpen nicht unterm Tisch haben wollen, können Sie ihm auch beibringen, dass er sich auf seine Matte legt, wann immer Essen auf dem Tisch steht.

Eine andere Möglichkeit wäre, eine anonyme Strafe anzuwenden. Bauen Sie auf dem Tisch eine „Falle" auf. Wenn der Welpe die Wurst klaut oder im Katzenklo wühlt, fällt alles mit Getöse um. Haben Sie Glück, findet der Welpe von da an Tische, Katzenklos oder was auch immer gefährlich und wird sich hüten, je wieder daranzugehen. Falls Sie Pech haben, lässt er sich von dem Getöse nicht erschüttern. Aber dann haben Sie auf der anderen Seite wieder Glück, weil Sie einen wirklich nervenstarken Hund haben.

**Aus Sicht des Hundes ist es natürlich ganz normal, auf dem Tisch nachzusehen, ob es dort etwas Gutes gibt. Und oft hat er ja Erfolg damit.**

## Unser Welpe bellt andauernd

Anfangs ist es ja oft ganz niedlich, wenn der kleine Welpe jemanden anbellt, z. B. wenn der Briefträger kommt. Oft sind dann alle ganz erfreut, so einen kleinen Wächter zu haben. Der Welpe lernt dadurch, dass das Bellen ein durchaus erwünschtes Verhalten ist. Schnell kann das aber sehr lästig werden. Auch manche Rassen sind sehr bellfreudig. In den Rassebeschreibungen stehen dann Dinge wie: „... ist sehr wachsam." Etwas anders ausgedrückt könnte man auch sagen: „... neigt zum Kläffen." Hat man einen Welpen einer solchen Rasse oder einen anderen, der gern bellt, ist es immer sinnvoll, sofort etwas dagegen zu unternehmen. In unserer Gesellschaft werden bellende Hunde immer unerwünschter. Besitzer bellender Hunde haben viele Nachbarschaftsprobleme, und viele Hunde werden aus diesem Grund letztendlich abgegeben. Laut Gesetz darf ein Hund eben nur zu bestimmten Zeiten bellen und dann auch nicht zu lange am Stück.

Um Ihren Welpen also nicht zu einem Kläffer zu erziehen, sollten Sie sein Bellen nicht beachten. Es sollte auch nie zum Erfolg führen. Wenn Sie also mit der Futterschüssel in der Hand dastehen und der Welpe sitzt vor Ihnen und bellt vor Ungeduld, kommt die Schüssel wieder weg. Futter gibt es nur, wenn er ruhig ist.

### Bellen auf Kommando

Ermuntern Sie Ihren Hund auch nicht zum Bellen, wenn jemand an der Haustür ist. Bei vielen dazu neigenden Rassen fängt das Bellen sowieso früher oder später an. Dann ist die beste Lösung, dem Hund die Vokabel für das Bellen beizubringen und gleichzeitig die Vokabel für das Ruhigsein zu üben.

Wählen Sie dafür eine Situation, in der Sie sich ziemlich sicher sind, dass der Welpe anfangen wird zu bellen, z. B. wenn jemand an der Haustür ist oder auch bei einem ausgelassenen Spiel. Kurz bevor er ansetzt zu bellen, geben Sie das Kommando „Gib Laut" und belohnen den Hund nach den ersten drei Bellern. Nach einigen Wiederholungen wird der Welpe das Kommando verstehen und dann auch ohne Anlass bellen, wenn er es hört. Wenn er so weit ist, geben Sie ihm das Kommando zum Bellen. Nach etwa drei Bellern nehmen Sie sich ein gutes Leckerchen in die Hand und sagen „Still". Der Welpe wird das Leckerchen riechen und mit Bellen aufhören. Sofort bekommt er die Belohnung. Nach einigen Wiederholungen geben Sie das Kommando, zunächst ohne ein Leckerchen in die Hand zu nehmen. Die Belohnung kommt erst heraus, wenn der Welpe wirklich ruhig ist. Trainieren Sie jetzt das „Still" so lange, bis es in der Trainingssituation sicher klappt. Dann können Sie es nach und nach in Situationen anwenden, in denen der Welpe mehr und mehr aufgeregt ist. Auch dann wird er verstehen, was Sie meinen.

**Wichtig**

*Beim Bellen ist eine gute Sozialisierung an fremde Menschen die beste Therapie, damit der Welpe möglichst keine Unsicherheit zeigt. Zudem ist ausreichende Beschäftigung wichtig, damit er nicht aus Langeweile bellt. Auch wenn Sie gern einen Wachhund hätten, ist es besser, den Hund an Bellkommandos zu gewöhnen. Es ist nämlich leicht, dem Hund später beizubringen, in welchen Situationen er bellen soll. Dann bellt er, weil er es gelernt hat, und nicht aus Unsicherheit, was viel schwieriger zu kontrollieren ist.*

Viele Hunde haben viel mehr Energie als sie bei unseren Lebensbedingungen eigentlich benötigen. 1

Es ist sehr wichtig, ihnen sowohl körperliche als auch geistige Beschäftigung anzubieten, damit sie diese Energie verarbeiten können. 2

Dabei gibt es viele schöne Möglichkeiten, mit denen man einen Hund mit relativ wenig Aufwand gut auslasten kann. 3

## Unser Welpe ist hyperaktiv

Wirklich hyperaktive Hunde, wie man es aus medizinischer Sicht definieren würde, sind sehr selten. Aber Welpen, die Energie ohne Ende besitzen oder wenigstens einmal am Tag „ihre verrückten fünf Minuten" haben und dabei über Tische und Bänke gehen und den Besitzer zur Verzweiflung bringen, gibt es doch relativ oft.

Ein Grund ist häufig, dass die Hunde maßlos unterfordert sind. Meist handelt es sich um Hunde aus Jagd- oder Hütehundrassen, die eventuell sogar noch von wirklichen Arbeitslinien abstammen. Sie haben das Arbeiten und die Energie dafür sozusagen im Blut. Die meisten Menschen unterschätzen wirklich, was für einen Workaholic sie sich mit einem solchen Hund ins Haus holen.

Es reicht auch oft nicht, die Hunde nur rein körperlich zu beschäftigen, denn sie wollen geistig gefördert werden. Eine halbe Stunde am Fahrrad laufen, dazu noch immer dieselbe Strecke, ist – davon abgesehen, dass dies mit einem Welpen sowieso nicht gemacht werden darf – einfach langweilig. Sehr gut sind Nasenspiele. Die brauchen sehr viel Kopfarbeit und Energie. Wir haben auch schon davon gesprochen, dass sich der Welpe sein Futter über den Tag verteilt verdienen soll. Lassen Sie ihn für sein Futter arbeiten! Das verbraucht nicht nur Energie, sondern gibt auch noch zusätzliche Zufriedenheit. Hunde sind hier den Menschen gar nicht mal so unähnlich. Arbeitslose Menschen sind auch oft sehr unzufrieden.

Das Clickertraining bietet ebenfalls eine sehr schöne Möglichkeit, dem Hund den Kopf mal richtig schön „qualmen" zu lassen.

Ein weiterer Grund für eine übermäßig starke Aktivität liegt darin, dass die Hunde unter Umständen nie Grenzen gesetzt bekamen. Für sie sind Übungen, wie sie bei „Grenzen setzen" beschrieben sind, sehr sinnvoll und notwendig (siehe S. 85). Gerade solche Übungen, bei denen der Hund in den Arm genommen wird, können helfen, vorausgesetzt man beginnt sie mit dem ganz jungen Hund.

## Unser Welpe ist aggressiv

Bei aggressivem Verhalten sollten bei Ihnen immer sofort die Alarmglocken läuten! Je schneller hier eine genaue Diagnose gestellt und eine entsprechende Behandlung durchgeführt wird, desto höher sind die Erfolgsaussichten.

Sehr sinnvoll ist es, wenn Sie möglichst viele Informationen zu dem aggressiven Verhalten liefern können. Achten Sie genau auf die Umstände: Was geht der Aggression voraus? Was genau ist der Auslöser? Was zeigt der Hund für eine Körpersprache? Sind die Mundwinkel nach hinten gezogen oder zeigt er gerade mal die beiden Reißzähne? Wie hält er die Ohren? In welcher Höhe trägt er die Rute? Sehr sinnvoll wären auch Videoaufnahmen. Aber bitte provozieren Sie die Aggression dafür nicht absichtlich! Die Sicherheit aller Beteiligten muss an erster Stelle stehen! Lassen Sie sich bitte auch nicht einreden, Sie müssten dem Welpen zeigen, wer der Herr im Haus ist, und ihn mal kräftig durchprügeln. Erstens zeigen Sie damit erst recht nicht, wer der Herr im Haus ist, und zweitens kann das das Problem noch um einiges verschlimmern!

Die Aggression kann so viele Ursachen haben, dass Ausführungen dazu den Rahmen des Buches sprengen würden und auch gefährlich wären. Ich rate Ihnen auf keinen Fall, damit herumzuexperimentieren. Auch ein aggressiver Welpe kann schon Schaden anrichten. Und es ist schade um die Zeit, die nutzlos verstreicht. Denn oft ist gerade bei einem Welpen das Problem unter fachkundiger Anleitung schnell behoben, wohingegen es viel schwieriger wird, den erwachsenen Hund zu behandeln.

### Wichtig

*Es gibt noch einige andere mögliche Ursachen für Hyperaktivität, vom Futter bis hin zu medizinischen Gründen. Wenn Sie also mit ausreichender Beschäftigung und den gesetzten Grenzen keine Besserung erzielen, zögern Sie nicht, sich an einen Verhaltenstherapeuten oder Tierarzt zu wenden, um gemeinsam mit ihm eine Lösung für das Problem zu finden.*

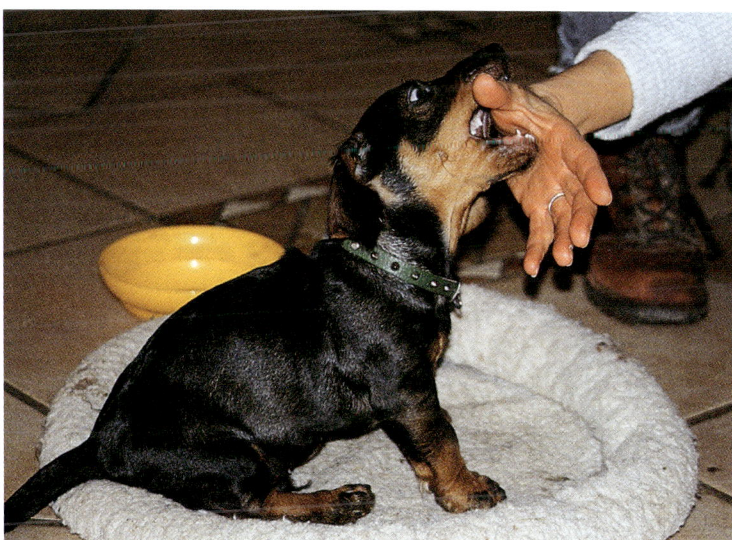

Aggression gehört eigentlich zum ganz normalen Verhalten. Man muss sie aber ernst nehmen und verstehen, um gefährliche Situationen möglichst erst gar nicht entstehen zu lassen. Auch kleine Hunde können gefährlich sein.

**Helfen Sie einem ängstlichen Welpen seine Angst zu überwinden. Ein ängstlicher Welpe ist nicht nur ständigem Stress ausgesetzt, sondern kann auch aggressiv werden, wenn er keine Möglichkeit zum Ausweichen hat.**

## Unser Welpe ist ängstlich

Für den ängstlichen Welpen gilt fast dasselbe wie für den aggressiven. Ein ängstlicher Welpe kann nämlich sehr schnell mit Aggression reagieren, wenn er z. B. nicht weglaufen und damit der angstauslösenden Situation ausweichen kann. Ein Welpe, der Angst hat, erkennen Sie am scheuen Blick, der geduckten Körperhaltung, den angelegten Ohren und dem eingeklemmten Schwanz. Sind es nur ganz bestimmte Situationen, in denen sich der Welpe ängstlich zeigt, können Sie versuchen, ihm seine Angst ganz allmählich zu nehmen.

Wichtig ist, dass Sie einen ängstlichen Welpen niemals bedauern! Das klingt zwar jetzt hart und widerspricht völlig unserem Beschützerinstinkt. Allerdings gibt es unter Hunden kein Bedauern. Das, was wir dann tun, versteht der Hund als Belohnung für sein ängstliches Verhalten, und er wird es wieder und wieder zeigen.

Stattdessen versuchen Sie bitte, so viel Gelassenheit und Zuversicht wie möglich auszustrahlen. Hat der Welpe Angst vor bestimmten Gegenständen, hilft es oft, wenn Sie hingehen, mit dem Gegenstand reden, ihn streicheln, Leckerchen in seine Nähe legen und einfach mal abwarten. Die meisten Welpen überwinden ihre Angst und nähern sich doch irgendwann. Für jeden Schritt, den der Hund sich nähert, können Sie ihn belohnen. Sehr sinnvoll wäre hier auch wieder die Arbeit mit dem Clicker. Jeder Schritt in Richtung des Angst einflößenden Objektes bringt ein Click und ein tolles Leckerchen. Schnell wird daraus für den Welpen ein schönes Spiel.

### Angst vor Menschen

Hat der Welpe Angst vor bestimmten Menschen, kann man prinzipiell ähnlich vorgehen. Zusätzliche Sicherheit können Sie dem Welpen vermitteln, indem die Menschen nicht noch bedrohlich wirken. Finden Sie Menschen, die Ihnen helfen, dem Welpen seine Unsicherheit zu nehmen. Unterrichten Sie sie darin, eine nicht bedrohliche Körperhaltung einzunehmen. Das bedeutet: Den Welpen nicht anschauen, sich ihm nicht frontal zuwenden, sondern lieber sich seitlich klein machen, also am besten in die Hocke gehen, gähnen, über die Lippen lecken und auf alle Fälle den Welpen das Tempo der Annäherung bestimmen lassen.

Meistens meinen es die Menschen nämlich nur zu gut, gehen mit ausgestreckter Hand, in vornübergebeugter Haltung auf den Welpen zu, schauen und reden ihn dabei an. Aus hundlicher Sicht sind das alles Drohgebärden und selbst einem selbstsicheren Hund ist das meist nicht so ganz geheuer. Bei einem ängstlichen Hund kann man damit alles noch schlimmer machen.

**Wichtig**

*Versuchen Sie bitte nie einen ängstlichen Hund zu bedauern oder ihn beruhigen zu wollen. Damit verstärken Sie nur sein ängstliches Verhalten.*

## Unser Welpe gehorcht nicht

Der Welpe kann nur gehorchen, wenn er versteht, was wir von ihm erwarten, und wenn er von seinem Ausbildungsstand her in der Lage ist, das Kommando auszuführen.

Beispiel: Sie haben Ihrem Hund schon beigebracht, dass das Wörtchen „Sitz“ bedeutet, er soll den Hintern auf die Erde bringen. Jetzt sind Sie in der Situation, dass Ihnen einige fremde Hunde entgegenkommen, und Sie wollen, dass Ihr Hund sich hinsetzt. Stattdessen springt er vor lauter Aufregung herum und „gehorcht“ nicht. So empfinden es die meisten Leute. Tatsächlich hat das mit Gehorsam oder – wie es auch oft gesagt wird – mit Dominanz nichts zu tun! Der Welpe ist in seiner Ausbildung einfach noch nicht so weit. Es ist nämlich etwas anderes, ein Kommando zu Hause in bekannter Umgebung, ohne Ablenkung zu befolgen oder draußen unter solchen Bedingungen. Ich vergleiche das gern mit der Ausbildung unserer Kinder. Das eine ist Grundschulniveau, das andere Gymnasiumniveau. Von einem Kind im ersten Schuljahr würden wir auch noch kein Wurzelziehen erwarten, sondern man begnügt sich mit einfachen Additionen oder Subtraktionen. Und so ist das auch mit den Hunden. Bevor ein Hund nicht auch unter Ablenkung und an vielen verschiedenen Orten gelernt hat, ein Hörzeichen zu befolgen, kann man es auch nicht von ihm erwarten. Das bedeutet für Sie, dass Sie das Training bewusst auch in alltäglichen Situationen praktizieren müssen und nicht nur in der Welpenschule oder zu Hause in der Wohnung.

Es gibt den schönen Spruch: Spazieren = Trainieren. So sollte es sein. Nutzen Sie wirklich jede Gelegenheit.

Oft ist es auch ganz sinnvoll, wenn Sie sich mit Freunden und deren Hunden zum gemeinsamen Training verabreden. Sind die anderen Hunde schon gut erzogen, können sie Vorbild sein. Eine gemeinsame Übung mit Hunden, die schon wissen, wie man sich in einem Café benimmt, kann Ihrem Welpen sehr viel bringen. Junge Hunde lernen sehr gut durch Abschauen. Natürlich lernen Sie auf diese Weise auch sehr schnell unerwünschte Dinge. Sollten Sie einen Bekannten mit einem sehr ungezogenen Hund haben, treffen Sie den bitte nur in solchen Situationen, in denen er Ihrem Welpen nichts Falsches vormachen kann.

## Ohne Motivation geht es nicht

Zusätzlich zum Ausbildungsstand muss natürlich die Motivation stimmen. Hier müssen wir uns klar machen, dass wir ständig gegen viele Ablenkungen aus der Umwelt konkurrieren müssen. Der Welpe ist nämlich meist sehr motiviert – z. B. der Katze nachzulaufen. Dagegen müssen wir ankommen und das Training entsprechend sorgfältig aufbauen. Wenn wir das nicht tun, müssen wir uns an der eigenen Nase packen und nicht dem schlechten Gehorsam des Welpen die Schuld geben. Und wer meint, es genüge, einen Welpen, der sich aus einem Spiel mit Gleichaltrigen hat abrufen lassen, mit einem kurzen Streicheln zu belohnen, der soll sich mal fragen, ob er eine Einladung zum Brunch gegen ein Stück trocken Brot eintauschen würde. Eben! Der Hund auch nicht! Es hilft also nichts: Wir müssen mit dem Welpen alle Schritte in der Ausbildung durchlaufen, und wir müssen uns ständig Gedanken machen, wie wir den Hund motivieren können.

Ich möchte eine Begebenheit schildern, wie man sie ähnlich oft zu sehen bekommt. Wir trainieren mit einer Gruppe junger Hunde draußen im Gelände. Die Hunde sind für ihr Alter alle schon entsprechend gut ausgebildet. Dann kommt uns eine andere Hundehalterin mit einem noch jüngeren Hund entgegen. Diese willkommene Ablenkung nutzen wir für ein „Sitz-Bleib“ am Wegesrand. Je näher der fremde junge Hund kommt, desto aufgeregter wird er, wobei an ein „An-lockerer-Leine-Gehen“ nicht mehr zu denken ist. Über heftige Leinenrucke wird er von seiner Halterin so eingeschüchtert, dass er nur noch geduckt und mit eingeklemmtem Schwanz neben ihr geht, eben typische Angst- und Beschwichtigungsgesten zeigt. In dem Moment interessieren ihn die fremden Hunde natürlich nicht mehr, sondern nur noch, weshalb er auf diese – aus seiner Sicht unverständliche – Art behandelt wird und wie er wohl aus dieser äußerst unangenehmen Situation heil herauskommt. Am Ende der Gruppe bleibt die fremde Hundehalterin stehen, um ein paar Worte mit uns zu wechseln. Sie legt ihren Hund entsprechend barsch ins „Platz“. Der junge Hund macht sich sowieso gern ganz klein, weil er sein Frauchen beschwichtigen will. Er liegt da wie ein Häufchen Elend. Nachdem eine Weile keine Aggression mehr von Frauchen kommt – weil die sich unterhält – nimmt die Unsicherheit ihres Hundes ab. Er beginnt sich wieder für seine Umwelt und damit für die fremden Hunde zu interessieren. Dabei wagt er es, aufzustehen. Sofort kommt von Frauchen wieder eine aggressive Attacke. Er fällt zurück ins „Platz“. So sehen es auf alle Fälle manche Leute. Selbst aus unserer Gruppe sind noch einige beeindruckt über den prompten Gehorsam. Dass der Hund gar nicht auf das Kommando gehört hat, sondern nur die Aggression seines Frauchens beschwichtigen wollte und total verunsichert war, haben nur wenige wahrgenommen. Wahrscheinlich wird dieser Hund nur lernen: Immer wenn andere Hunde kommen, wird mein Frauchen aggressiv. Entweder schafft sie es, ihn so einzuschüchtern, dass er sich nichts mehr traut und nur noch an ihrer Seite daherkriecht (was mit Gehorsam aber nichts zu tun hat!), oder er wird eine Aggression gegen fremde Hunde entwickeln, weil er sie frühzeitig vertreiben will, in der Hoffnung, dann der Aggression von Frauchen zu entgehen.

Ich möchte damit zeigen, dass das Anwenden von Gewalt nichts mit Ausbildung zu tun hat. Man muss schon die einzelnen Ausbildungsschritte durchgehen, um den Hund Schritt für Schritt zu dem gehorsamen Gefährten zu machen, den man gern hätte. Hunde können sehr gut lernen, uns zu verstehen, wir müssen ihnen nur die Möglichkeiten dazu geben. Dazu muss der Mensch in diesem Team am meisten lernen, wie Ihnen jetzt wohl sicher klar sein wird.

**1** Hunde leben in einer anderen Welt. So nehmen sie ihre Umgebung hauptsächlich über die Nase wahr.

**2** Auch sonst sind ihnen ganz andere Dinge wichtig als uns Menschen.

**3** Einen Hund gut auszubilden fordert in erster Linie ein hohes Maß an Verständnis und Einfühlungsvermögen. Jeder Hundehalter muss daher zu aller erst an sich selbst arbeiten.

## Sozialisationsplan

Versuchen Sie, Ihren Welpen so oft wie möglich Personen oder Begebenheiten der linken Spalte in einer netten Art erleben zu lassen. Bei den Personen und Tieren gibt nur eine wirklich neue Bekanntschaft auch einen neuen Strich. Dort sollten Sie in jedem Feld mindestens zehn Striche pro Woche haben. Bei den anderen Situationen mindestens einen Strich pro Woche.

| | 1. Woche | 2. Woche | 3. Woche | 4. Woche | 5. Woche | 6. Woche |
|---|---|---|---|---|---|---|
| Männer | | | | | | |
| Frauen | | | | | | |
| Babys | | | | | | |
| Kinder (1,5 – 4 Jahre) | | | | | | |
| Kinder (5 – 9 Jahre) | | | | | | |
| Kinder (10 – 14 Jahre) | | | | | | |
| Jugendliche | | | | | | |
| Alte Frauen | | | | | | |
| Alte Männer | | | | | | |
| Menschen mit Stock | | | | | | |
| Menschen mit Hut | | | | | | |
| Menschen mit Rock | | | | | | |
| Menschen mit Mantel | | | | | | |
| Menschen im Rollstuhl | | | | | | |
| Menschen mit Uniform | | | | | | |
| Pferde | | | | | | |
| Rinder | | | | | | |
| Katzen | | | | | | |
| Kaninchen | | | | | | |
| Hühner | | | | | | |
| Sonstige Tiere | | | | | | |
| Große helle Hunde | | | | | | |
| Kleine helle Hunde | | | | | | |
| Große dunkle Hunde | | | | | | |
| Kleine dunkle Hunde | | | | | | |
| Zottelige Hunde | | | | | | |
| Glatte Hunde | | | | | | |
| Menschenmenge | | | | | | |
| Autofahren | | | | | | |
| Hauptstraße | | | | | | |
| Bahnhof | | | | | | |
| Fußgängerzone | | | | | | |
| Glatter Boden | | | | | | |
| Wackeliger Boden | | | | | | |
| Zugfahren | | | | | | |
| Busfahren | | | | | | |
| Besuch im Tierpark | | | | | | |

## Kommandoplan

Da es oft schwierig ist, sich all die Kommandos zu merken, was auf der anderen Seite aber immens wichtig ist, um den Lernfortschritt des Hundes nicht zu stören, sollten Sie sich alle Hör- und Sichtzeichen notieren und diesen Plan gut sichtbar in der Wohnung aufhängen, wo ihn die ganze Familie sieht, damit sich alle genau daran halten können.

| Verhalten | Sichtzeichen | Wortkommando |
|---|---|---|
| Der Hund setzt sich | Erhobener Zeigefinger | „Sitz“ |
| | | |
| | | |
| | | |
| | | |
| | | |
| | | |
| | | |
| | | |
| | | |
| | | |
| | | |
| | | |
| | | |
| | | |
| | | |
| | | |
| | | |
| | | |
| | | |
| | | |

## Zum Weiterlesen

Dr. Wolf: **Tiersprechstunde für Hunde.** Stuttgart 2003.

Donaldson, Jean: **Hunde sind anders.** Stuttgart 2000.

Führmann, Petra und Nicole Hoefs: **Das Kosmos-Erziehungsprogramm für Hunde.** Stuttgart 1999.

Führmann, Petra und Iris Franzke: **Erziehungsspiele für Hunde.** Stuttgart 2002.

Führmann, Petra und Iris Franzke: **Erziehungsprobleme beim Hund.** Stuttgart 2004.

Krämer, Eva-Maria: **Der neue Kosmos-Hundeführer.** Stuttgart 2002.

Krämer, Eva-Maria: **Hunderassen.** Stuttgart 2004.

Kusch, Carola: **Die Hündin.** Stuttgart 2004.

Lausberg, Frank: **Erste Hilfe für den Hund.** Stuttgart 1999.

Pietralla, Martin und Barbara Schöning: **ClickerTraining für Welpen.** Stuttgart 2002.

Rustige, Barbara: **Hundekrankheiten.** Stuttgart 1999.

Schöning, B., N. Steffen und K. Röhrs: **Hundesprache.** Stuttgart 2004.

Schöning, Barbara: **Hundeverhalten.** Stuttgart 2001.

Tammer, Isabell: **Hundeernährung.** Stuttgart 2000.

Tellington-Jones, Linda: **Tellington-Training für Hunde.** Stuttgart 1999.

Theby, Viviane und Michaela Hares: **Agility.** Stuttgart 2003.

Theby, Viviane: **Hundeschule.** Stuttgart 2002.

Theby, Viviane: **Schnüffelstunde, Nasenspiele für Hunde.** Mürlenbach 2003.

## Quellen

Appleby, D.L., Bradshaw, J.W.S., Casey, R.A., 2002, „Relationship between aggressive and avoidance behaviour by dogs and their experience in the first six months of life“ Veterinary Record, 150, 434–438.

Bailey, Gwen, „The Perfect Puppy“. Readers Digest 1996.

Dehasse, J., 1994, „Sensory, Emotional and Social Development of the Young Dog“ BCVE, vol. 2, Seiten 6–29.

Fox, M.W. & Stelzner, D., 1967, „The effects of early experience in the development of inter- and intraspecific social relationships in the dog“ Animal Behaviour, 14, 273–281.

Hart, B.L. & Hart, L.A., 1983, „Selecting the Best Companion: Breed and Gender Specific Behavioral Profiles“ in Anderson „The Pet Connection“.

Lindsay, Steven R., 2000, „Handbook of applied dog behaviour and training“, Iowa State University Press.

McCune, S., McPherson, J.A. & Bradshow, J.W.S., 1995, „Avoiding Problems: The Importance of Socialisation“ in „Waltham

Book of Human-Animal Interaction: Benefits and responsibilities of pet ownership“ Herausgeber I. Robinson, Seiten 71–86.

Nott, Helen, M.R., 1992, „Behavioural Development of the Dog“ in „The Waltham Book of Dog and Cat Behaviour“, Herausgeber C. Thorne, Seiten 65–78, Pergamon Press, Oxford.

Nott, Helen, M.R., 1992, „Social Behaviour of the Dog“ in „The Waltham Book of Dog and Cat Behaviour“, Herausgeber C. Thorne, Seiten 97–114, Pergamon Press, Oxford.

Scott, John Paul & Fuller, John L., 1965, „Genetics and the Social Behavior of the Dog“ The University of Chicago Press.

Meinen Eltern Angelika und Dieter Theby

**Danksagung**
Ich möchte mich hier bei allen, die zur Entstehung dieses Buches beigetragen haben, ganz herzlich bedanken. Zuerst muss ich meine Familie, Karl, Chiara und Delia, nennen, die oft auf mich verzichten mussten, weil ich mal wieder am Laptop saß. Dasselbe gilt für meine Freunde und Bekannten, für die ich nur noch wenig Zeit hatte.
Vielen Dank auch an alle meine Lehrer, bei denen ich entweder persönlich gelernt habe oder deren Bücher mich sehr beeinflusst haben.
Ein ganz besonderer Dank geht an alle zwei- und vierbeinigen Mitwirkenden, ganz besonders an die Hündin Dizzy von Rudledgers Golden Retriever und ihre Besitzer, die Appenzellerhündin Tamy und ihre Besitzer, die mich viele Stunden ertrugen.
Danke auch dem Kosmos-Verlag, und hier ganz besonders Frau Heinemann, die es möglich machte, dass ich meine Ideen verwirklichen konnte.

## Nützliche Adressen

Verband für das Deutsche Hundewesen e.V. (VDH)
Westfalendamm 174
Postfach 10 41 54
D - 44041 Dortmund
Tel. 00 49 - (0)2 31 56 50 00
Fax 00 49 - (0)2 31 59 24 40

Fédération Cynologique Internationale (FCI)
13, Place Albert I
B - 6530 Thuin, Belgien
Tel. 00 32 - (0)71 59 12 38
Fax 00 32 - (0)71 59 22 29

Schweizerische Kynologische Gesellschaft (SKG)
Postfach 8217
CH - 3001 Bern
Tel. 00 41 - (0)31 30 15 819
Fax 00 41 - (0)31 30 20 215

Österreichischer Kynologenverband (ÖKV)
Johann-Teufel-Gasse 8
A - 1238 Wien
Tel. 00 43 - (0)1 88 87 09 20
Fax 00 43 - (0)1 88 92 621

Berufsverband der Hundeausbilder und Verhaltensberater e.V. (BHV)
Aussiedlerhof Reiterhohl
D - 65817 Eppstein
Tel. 06 192 - 95 811 36
www.hundeschule.de

Gesellschaft für Tierverhaltenstherapie (GTVT)
Am Kellerberg 18 a
D - 84175 Gerzen
Tel. 08 744 - 17 50 • www.gtvt.de

Tierakademie Scheuerhof
54516 Wittlich
Tel. 06 571 - 14 99 114
www.tierakademie.de
(hier können Sie Trainingstagebücher bestellen)

## Register

## Bildnachweis

Farbfotos von Stephan Bogalski (13: S. 80, 81, 112, 113, 119, 130, 131), Christof Salata/ Kosmos (8: S. 44, 45, 108, 109, 120, 121) und Reto Widmer (3: S. 106, 107).
Alle weiteren 216 Farbfotos von Viviane Theby/Kosmos, die eigens für dieses Buch aufgenommen wurden.

## Impressum

Umschlag von eStudio Calamar unter Verwendung von einem Farbfoto von Karl-Heinz Widmann/Kosmos (Vorderseite) und zwei Farbfotos von Viviane Theby/ Kosmos (Rückseite).

Mit 240 Farbfotos.

Bibliographische Information der Deutschen Bibliothek
Die Deutsche Bibliothek verzeichnet diese Publikation in der Deutschen Nationalbibliografie; detaillierte bibliografische Daten sind im Internet über http://dnb.ddb.de abrufbar.

Gedruckt auf chlorfrei gebleichtem Papier


ISBN 3-440-09725-0
Redaktion: Hilke Heinemann
Gestaltungskonzept: eStudio Calamar
Produktion: Kirsten Raue / Markus Schärtlein
Printed in Germany / Imprimé en Allemagne





Postfach 10 60 11
D-70049 Stuttgart
TELEFON +49 (0)711-2191-0
FAX +49 (0)711-2191-422
WEB www.kosmos.de
E-MAIL info@kosmos.de